U0359853

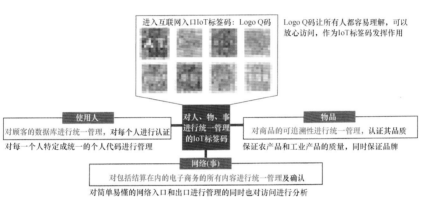

图 3.70　支撑人、物、事的 IoT 标签的基础设施代码

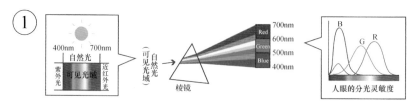

① 自然光 400nm 700nm
紫外光 可见光域 近红外光
（可见光） 棱镜 Red 700nm Green 600nm 500nm Blue 400nm
B G R 人眼的分光灵敏度

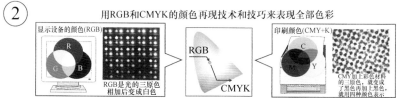

② 用RGB和CMYK的颜色再现技术和技巧来表现全部色彩

显示设备的颜色(RGB) R G B RGB是光的三原色相加后变成白色
RGB → CMYK
印刷颜色(CMY+K) C M Y CMY加上彩色材料的三原色，就变成了黑色再加上黑色，就用四种颜色表示

RGB和CMYK的颜色表现手段不同，所以颜色调和的调色管理技术是必要条件！

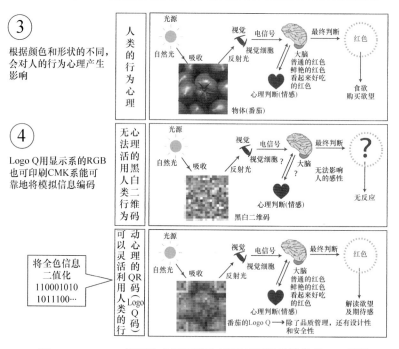

③ 根据颜色和形状的不同，会对人的行为心理产生影响

人类的行为心理

光源 自然光 吸收 反射光 视觉 视觉细胞 电信号 大脑 普通的红色 鲜艳的红色 看起来好吃的红色 心理判断(情感) 最终判断 红色 食欲 购买欲望 物体(番茄)

④ Logo Q用显示系的RGB也可印刷CMK系能可靠地将模拟信息编码

无心理活动的用黑白二维码人类行为码

光源 自然光 吸收 反射光 视觉 视觉细胞？ 电信号 大脑？ 心理判断(情感) 最终判断 ？ 无法影响人的感性 无反应 黑白二维码

将全色信息二值化 110001010 1011100…

可以灵活利用人类的行为动心理的QR码(Logo Q码)

光源 自然光 吸收 反射光 视觉 视觉细胞 电信号 大脑 普通的红色 鲜艳的红色 看起来好吃的红色 心理判断(情感) 最终判断 红色 解读欲望及期待感 番茄的Logo Q → 除了品质管理，还有设计性和安全性

图 3.71 Logo Q 能够生成保证读取任何东西的设计性的 QR 代码

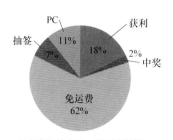

在文字设计方面，对更能理解
代码内容的东西反应也比较好

图 3.72　代码内容越具体，点击率就越高

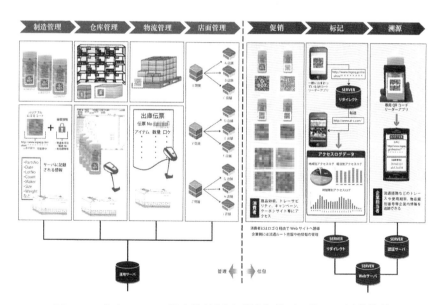

图 3.79　安全 Logo Q 是支持从制造到销售的下一代 IoT 标签代码

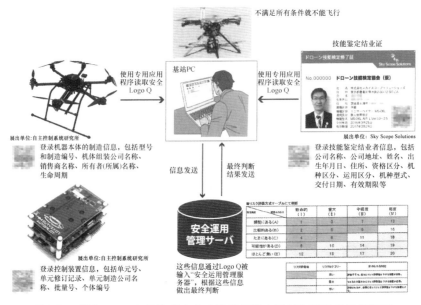

不满足所有条件就不能飞行

技能鉴定结业证

基站PC

使用专用应用程序读取安全Logo Q

使用专用应用程序读取安全Logo Q

展出单位:自主控制系统研究所

登录机器本体的制造信息,包括型号和制造编号、机体组装公司名称、销售商名称、所有者(所属)名称、生命周期

登录技能鉴定结业者信息,包括公司名称、公司地址、姓名、出生年月日、住所、资格区分、机种区分、运用区分、机种型式、交付日期、有效期限等

信息发送

最终判断结果发送

安全運用管理サーバ

展出单位:自主控制系统研究所

登录控制装置信息,包括单元号、单元修订记录、单元制造公司名称、批量号、个体编号

这些信息通过Logo Q被输入"安全运用管理服务器",根据这些信息做出最终判断

图 3.81　安全 Logo Q 作为对自主动体进行安全运用和管理的标签代码

通过静止图像摄影的正投影图像的摄影

使用RF(激光探测器)的三维地形测量

图 3.86　激光扫描画像

智能交通先进技术译丛

# 未来交通物流
# 与城市生活

## 通用设计与生态设计的融合

【日】西山敏树　编著

潘公宇　潘业媚　译

机 械 工 业 出 版 社

现在的"交通"涉及各种各样的问题和课题。本书对未来的交通方式进行了研究。

交通提供了人与人之间的互动，让我们得到物品、获取信息、到达场所，加深了人与人之间的交际和交往，提高了人们的幸福感和福祉水平。无论技术如何发展提高，交通领域服务的机械化、自动化如何发展，都需要从人类福祉的角度出发，让交通充满人文关怀，让所有人都能深切感受到相关的服务。

为了提高人们的幸福感，需确保移动的通用性，实现服务质量的提高，这将成为当前的一个重要的社会目标。作者通过"综合移动＋好客"这两个关键词，创立了"移动服务学"，倡导在切实确保移动权的同时，使交通具有与之相适应的高服务水平。

本书介绍了具有高端技术和深厚人文关怀的移动服务学实践案例，并与大家分享了兼顾价值观、技术、制度这三者平衡的现实交通方式。

# 前　言

　　交通是我们生活中每个人都熟知的一个术语。然而，在写这本书时，当我再次探求交通一词的词源时，有了以下的发现。在松叶荣重《交通要论》（三笠书店，1942 年）的第 14 页写到，"明治 18 年（1885 年），驿递总管野村弘治在列席里斯本的万国邮政会议时，对德国的交通制度进行了研究，回国后将德语 verkehr 翻译为交通。"这可以说是今天交通的词源。在德语的主要词典中，你会发现"verkehr"除了相当于英文的"traffic"，有"交通、通行、往来"的意思外，还有"（人与人之间）交际、交往"的含义。

　　最初，交通提供了人与人之间的互动，让我们得到物品、获取信息、到达场所，加深了人与人之间的交际和交往，提高了人们的幸福感和福祉水平。正是这些交通的作用，被归结为一个词，称为"verkehr"。现在，作为提高人们幸福感的重要社会手段，我们希望重新来关注交通。这些年来，笔者以"通过'交福＝交通＋福祉'来提高人类的幸福感"为使命，着力研究交通领域中的通用设计与生态设计的融合。即使技术的进步使得交通领域服务的机械化及自动化程度得到了提高，从福祉的角度出发，研究每个人都能确切感觉到的，富有人情味的服务，也是非常有必要的。

　　特别是近年来，以 2020 年东京奥运会为契机，考虑到日本的国际化和老龄化，以及残疾人数量的增加的现实情况，人们比以前更加期望建立一个服务程度和福祉水平更高的社会。与此同时，在法律领域出现了移动权也是基本人权的倾向。在实现提高人类幸福感的终极目标上，广泛确保移动性，实现服务水平有质的提高，将成为当前的一个重要社会目标。因此，笔者用"综合移动＋好客"这两个关键词来建立了"移动服务学"，倡导在切实确保移动权的同时，使交通具有与之相适应的高服务水平。

　　以前的交通学中对其内容做了以下的分类："交通工学"专门研究铁路车辆和安全设施等方面的技术；"交通规划"专门研究火车站、汽车站等优化配置；"交通经济学"专门研究运费体系及企业经营管理；而"交通史"主要用来了解交通的发展历史。然而，在这种纵向划分中，以前的研究成果很少能用于解决现在的实际问题。例如，即使在交通工程领域研究开发出优秀的交通技术，但对于因为汽车大众化而造成的经营困难的交通企业来说，如果在交通工程和交通经济学等方面的问题研究没有进展的话，新技术的导入就不会顺利，相关事业也得不到发展。因此，笔者向大众公开交通经营者的经营状况以及支撑运营的交通行政的经营状况、技术引进的利弊，根据大众在社会调查中表明的意愿支付额，通过模拟仿真的方法来研究大众对于引进一种技术能够进行更客观判断的必要的数据。

该做法已成为政府或行政机关用于制定交通政策的手段之一。需要通过现场来建立跨学科的新交通学。"价值观""技术""制度"是构成社会的三要素，在社会系统设计中特别受到重视，在交通领域中保持三者的平衡也很重要。准确把握人们的价值观，就社会所需技术的质量和数量达成共识，建立一个适合技术应用的长期体制及体系，需要进行跨学科的研究，这也是移动服务学的落脚点。这样可以使得政府能够建立一个大众和交通运营商双赢的问题解决方案，从而提高每个参与者的幸福感。

本书将介绍具有高端技术和深厚人文关怀的移动服务学实践案例，并与大家分享考虑到价值观、技术、制度这三者平衡的现实交通方式。

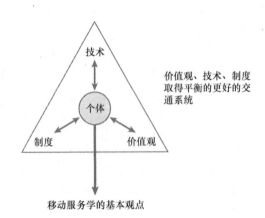

# 目 录

# 第1章

## 未来交通运输环境的问题点

### 1.1 从残疾人角度呈现的各种现代交通问题

为了探讨未来交通环境的问题点，笔者曾经利用一个月的时间，在日本全国范围内对残疾人和智障人士及其家庭进行了社会调查。虽然这似乎属于过去的数据，但由于该领域内的日本全国学术调查案例很少，对于无障碍设计相对落后的情况来说这些数据目前仍然有用。

这项调查的目的，是在确认日常移动状况的同时，确认非日常移动的情况，旨在更加全面地改善交通环境，发现全面性的关键问题。在这项调查研究中，依据当时政府的《残疾人状况调查》《身体残疾儿童状况调查》《痴呆症儿童福祉对策基础调查》为基础，按照视障者、听障者、肢体残疾者、体内伤残者以及智障者的日本国内人口比例，以 1:1:5:2:1 的比例设定了调查人数。

考虑到针对残疾人及其家庭的学术社会调查的答复率平均在 10% 左右这一比较低迷的状况，以比例为 1 的组获得 50 票有效回答为目标。因此，视障者、听障者、智障者各发送 500 人，体内伤残者 1000 人，以及肢体残疾者 2500 人共 5000 人。在选择要分发的城市时，根据城市化水平进行了选择，以考虑日常生活环境和交通环境差异引起的移动特征差异。使用人口密度作为城市化水平的替代变量，将所有城市按每平方千米"小于 100 人""100 人以上 300 人以下""300 人以上 500 人以下""500 人以上 1000 人以下""1000 人以上 3000 人以下""3000 人以上 5000 人以下""5000 人以上 10000 人以下""10000 人以上"进行分类，根据每个层次的人口比率分发调查表。

这次日本全国调查的结果在下面几节进行介绍。大家可能认为这是一个专门针对残疾人的社会调查，但这确实是残疾人发出的最初始的心声，包含了许多在不远的将来需要不断改进的项目的重要数据。特别是，即使是来自残疾的类型不同的数据，仔细分析也可以发现，有很多与残疾类型无关的、需要迅速解决的交通环境问题。以下是根据来自这些残疾人的原始心声，整理出的希望在未来交通环境时需要考虑的改进点。

## 1.2 上下车困难的问题

根据表 1.1~表 1.7 我们可以知道，无论残疾类型如何，对于轨道车辆的上下车可以归纳为以下问题点："车站的站台上未安装防坠落栏杆""车站的站台与车辆之间的缝隙较大""车站的站台两端难以识别"以及"车站的站台和车辆之间有落差"。根据日本福祉法人盲人协会联合会 2011 年的一项调查，约 40% 的视障者表示，他们"有从站台掉下去的经历"。针对这一问题，日本国土交通省推进了在站台设置安全门的政策，对于每天有超过 10 万名乘客的车站要优先安装。然而，截至 2014 年 9 月，在适用该政策的 244 个车站中，只有 54 个车站进行了安装，只占 20% 左右。日本国内大约有 9500 个车站，但安装安全门的车站只有 600 家，只有 6% 左右。

**表 1.1　日本全国视障者认为迫切需要解决的 10 个问题**（所有等级合计）

| 排序 | 问题 |
| --- | --- |
| 1 | 在轨道车站的站台上没有安装防坠落栏杆 |
| 2 | 轨道车站检票口附近缺乏相关乘坐车辆的信息 |
| 3 | 轨道车站的站台与车辆之间的缝隙较大 |
| 4 | 轨道车站的站台两端难以识别 |
| 5 | 高速公路休息设施未遵守 2cm 的规则 |
| 6 | 轨道车站的站台内缺乏相关乘坐车辆的信息 |
| 7 | 轨道车站的站台与车辆之间有落差 |
| 8 | 车站厕所附近的引导地砖不连续 |
| 9 | 港口设施内登船口附近没有稳定感 |
| 10 | 车站检票口和站台之间的引导地砖不连续 |

**表 1.2　日本全国听障者认为迫切需要解决的 10 个问题**（所有等级合计）

| 排序 | 问题 |
| --- | --- |
| 1 | 在来线特急车内的可视引导指南展示不足 |
| 2 | 中远途轨道车车内的可视引导指南展示不足 |
| 3 | 轨道车站检票口与站台之间没有公共传真机 |
| 4 | 飞机上的可视引导指南展示不足 |
| 5 | 通勤轨道车内的可视引导指南展示不足 |
| 6 | 定期观光公交车内的可视引导指南展示不足 |
| 7 | 住宿设施内没有公共传真机 |
| 8 | 单轨车内的可视引导指南展示不足 |
| 9 | 高速公路休息设施内没有公共传真机 |
| 10 | 一般观光公交车车内的可视引导指南展示不足 |

**表 1.3　日本全国上肢残疾者认为迫切需要解决的 10 个问题**（所有等级合计）

| 排序 | 问题 |
|------|------|
| 1 | 轨道车站内检票口与站台之间的台阶太多 |
| 2 | 轨道车站的站台与车辆之间的缝隙较大 |
| 3 | 轨道车站的站台与车辆之间有落差 |
| 4 | 高速公路休息设施内的卫生间内的各种身体辅助功能不足 |
| 5 | 高速公路休息设施内没有遵守 2cm 规则 |
| 6 | 轨道车站内换乘同公司的车辆时有许多台阶 |
| 7 | 寺庙和神社内道路未铺设，行走困难 |
| 8 | 在来线特急车的卫生间的各种身体辅助功能不足 |
| 9 | 高速公路休息区内停车场和设施之间的落差未消除 |
| 10 | 轨道车站内的卫生间的各种身体辅助功能不足 |

**表 1.4　日本全国下肢残疾者认为迫切需要解决的 10 个问题**（所有等级合计）

| 排序 | 问题 |
|------|------|
| 1 | 轨道车站的站台与车辆之间的缝隙较大 |
| 2 | 轨道车站内检票口与站台之间的台阶多 |
| 3 | 轨道车站的站台与车辆之间有落差 |
| 4 | 寺庙和神社内道路未铺设，行走困难 |
| 5 | 在来线特急车内的布局不合理造成移动困难 |
| 6 | 轨道车站内换乘同公司的车辆时有许多台阶 |
| 7 | 中远途轨道车内的布局不合理造成移动困难 |
| 8 | 高速公路休息设施内停车场和设施之间的落差未消除 |
| 9 | 高速公路休息设施内的卫生间内的各种身体辅助功能不足 |
| 10 | 公交车与检票口之间能够通过的交通信号时间短 |

**表 1.5　日本全国肢体残疾者认为迫切需要解决的 10 个问题**（所有等级合计）

| 排序 | 问题 |
|------|------|
| 1 | 轨道车站的站台与车辆之间的缝隙较大 |
| 2 | 轨道车站内检票口与站台之间的台阶太多 |
| 3 | 轨道车站的站台与车辆之间有落差 |
| 4 | 在来线特急车内的布局不合理造成移动困难 |
| 5 | 高速公路休息设施内没有遵守 2cm 规则 |
| 6 | 轨道车站内换乘同公司的车辆时有许多台阶 |
| 7 | 高速公路休息设施内的卫生间内的各种身体辅助功能不足 |

（续）

| 排序 | 问题 |
|---|---|
| 8 | 寺庙和神社内道路未铺设，行走困难 |
| 9 | 中远途轨道车内的布局不合理造成移动困难 |
| 10 | 高速公路休息设施内停车场和设施之间的落差未消除 |

表1.6　日本全国体内残疾者认为迫切需要解决的 10 个问题（所有等级合计）

| 排序 | 问题 |
|---|---|
| 1 | 轨道车站内检票口与站台之间的台阶多 |
| 2 | 轨道车站内换乘其他公司的车辆时有许多台阶 |
| 3 | 轨道车站内换乘同公司的车辆时有许多台阶 |
| 4 | 公交车站台到寺庙及神社门前的台阶多 |
| 5 | 公交车到轨道车站检票口的台阶多 |
| 6 | 出租车到寺庙及神社门前的台阶多 |
| 7 | 出租车到轨道车站检票口的台阶多 |
| 8 | 自驾车停车场到轨道车站检票口的台阶多 |
| 9 | 城区内的台阶多 |
| 10 | 寺庙和神社内道路未铺设，行走困难 |

表1.7　日本全国智障者认为迫切需要解决的 10 个问题（所有等级合计）

| 排序 | 问题 |
|---|---|
| 1 | 轨道车站检票口附近缺乏相关乘坐车辆的信息 |
| 2 | 轨道车站的公交汽车站台上缺乏相关的公交车信息 |
| 3 | 轨道车站的停车站上缺乏相关的车辆信息 |
| 4 | 轨道车站内检票口与站台之间的台阶多 |
| 5 | 轨道车站的站台上缺乏相关的车辆信息 |
| 6 | 轨道车站内换乘其他公司的车辆时台阶多 |
| 7 | 轨道车站内换乘同公司的车辆时台阶多 |
| 8 | 在轨道车站的站台上没有安装防坠落栏杆 |
| 9 | 难以知道离家最近公交车站的乘车信息 |
| 10 | 轨道车站的站台与车辆之间的缝隙较大 |

　　站台的安全门作为防止跳入自杀的有效措施，许多人也期待它作为通用设计能够普及。然而，随着机动化的进展，铁路公司的经营状况都很严峻，在首都圈内的通勤电车，1 节车厢 20m，按 10 节车厢编组，则成为 200m 的列车；一个站台安装 1m 安全门需要 100 万日元，那么对于这样的一辆列车，则需要 2 亿日元的费用，

这也成为经营困难的主要原因。此外，门的位置因轨道车辆类型而异，这也是妨碍普及的因素。现在，除了图 1.1 和图 1.2 所示的传统的安全门外，还开发了一种如图 1.3 所示的不受轨道车辆类型限制的安全门。关于站台与车辆之间的缝隙及落差问题，虽然开发了如图 1.4 所示的装置，但在许多情况下，车站工作人员还是利用斜板来帮助那些受落差及间隙困扰的乘客。铁路公司致力于通过面向残疾人和老年人的服务教育，在资金困难的情况下，对于难以用设施解决的问题提供较周到的人力支持。通过这种人力支援来解决问题的方式，在人与人之间形成了新的沟通，对于提高铁路公司的服务质量产生了良好的效果。

图 1.1　站台上部全部封隔的安全门

图 1.2　低成本型上部未封隔的站台安全门

图 1.3　不受轨道车辆类型限制的站台安全门

图 1.4　能消除站台缝隙和落差问题的设备

在公交业务中这些趋势也同样存在。有一段时间，公交车辆开始安装轮椅升降机。然而，由于安装价格相当昂贵，因此，目前普遍使用的是驾驶员用简易的斜板帮助轮椅使用者上下车。虽然上下车需要一些时间，但这些现象正在成为"新的现实"，也逐步得到公众的理解。

## 1.3　在站内或建筑物内移动难的问题

关于在站内或建筑物内移动，无论是哪种残疾者，都对"轨道车站内检票口与站台之间的台阶多""轨道车站内换乘其他公司的车辆时台阶多""轨道车站内换乘同一公司的车辆时台阶多"等这类问题有较多反映,也就是说,整个车站对于垂直移动的支撑是比较薄弱的。虽然这是 2001 年的调查数据,但从过去 15 年的趋势来看,在日本全国范围内,垂直移动的解决情况仍然很低。根据日本国土交通省截至 2010 年末的统计数据,各都道府县内站内自评落差已经解决超过 60% 的仅包括埼玉县、东京都、千叶县、神奈川县、爱知县、三重县、京都府、大阪府、兵库县、奈良县、广岛县、香川县、福冈县和冲绳县(冲绳县只有一条单轨铁路)。东北地区、北陆地区和九州地区各县,仅仅有 10% ~ 40% 得到解决,无障碍通用设计较为落后(图 1.5)。

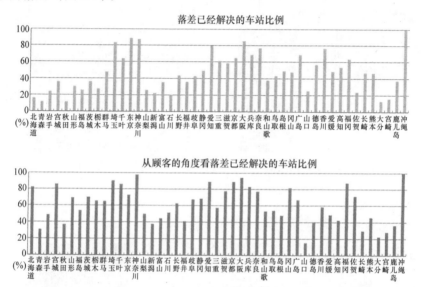

图 1.5　各都道府县落差问题已经解决的车站比例(日本国土交通省,2010 年末的统计数据)

特别是,当一个车站有两家或两家以上铁路公司,A 公司进行了改造而 B 公司没有进行相应改造时,问题更加明显。一般来说,残疾者对环境适应能力会下降,当他们从已经改造好的地方走到还未改造好的地方时,由于不适应环境,会造成不少意想不到的伤害事故。例如,笔者参与了采用石英石进行先进防滑地板的研究,根据铁路公司及汽运公司的听证会得知,当时就有许多老年人和残疾人因为不习惯地板差异而跌倒的情况。根据车站的不同,有不少地方是从 A 公司的检票口出来后,走过一段公共管理通道后进入 B 公司的检票口。道路管理者的立场差异会造成意想不到的事故。

关于改善交通环境,笔者经常在日常的讲座及讲义中谈论三个要点,包括"是否考虑改进措施的长期可用性,而不是在某一时间点""软硬件是否没有矛盾、具有一致性,是否可以有效地划分"以及"空间上是否可取得连续性"。这三个要点都很重要,特别是相互之间立场的差异,会出现难以取得空间连续性的情况。通过确保移动性来实现服务水平的提高也需要考虑这三点。这三个要点的视角都很重要，必须融合各种交通方面的知识，进行跨学科的研究（图1.6）。

图1.6　东海道新干线每个车站都铺设了相同的防滑地板，以确保地面安全

## 1.4　获取信息难的问题

无论哪种残障者都指出有"轨道车站检票口附近缺乏相关乘坐车辆的信息""列车内的可视引导指南展示不足""飞机上的可视引导指南展示不足""轨道车站的公交车站上缺乏相关的公交汽车信息"等问题。总体而言，轨道车站及公交车站缺乏相关车辆信息，车辆内的可视指南不足，是两个主要的问题。此外，从上下车到车内，可视指南信息也不充分。自2001年以来，智能手机越来越普及，不再需要又大又重的显示器设备，因此可以将轨道车辆和公共汽车的位置信息系统也移植到智能手机，并解决这个问题。

由于"厚重大长"的基础设施不能针对个人进行定制，因此很难满足个体及残障者的信息需求。但是，如有智能手机，就可以下载和自定义应用程序，以便获得所需的信息。1994年，当笔者进入庆应义塾大学湘南藤泽校区（SFC），在东日本旅客铁道（JR东日本）的捐赠讲座"交通与交通信息项目"开始研究时，最热门的话题是如何在可佩戴的智能设备（计算环境）上以个人满意的方式提供交通信息。当时作为梦想的议论话题今天已在以苹果手表为代表的智能手表上得到了实现。在讲座和讲义中，笔者总是在提倡无障碍通用设计的一大主题是如何使"厚重长大"在交通信息领域设施转变为"轻薄短小"。要实现服务质量高的移动型社会，从"重厚长大"到"轻薄短小"思维转变非常重要。

## 1.5　车辆中舒适性差的问题

虽然该问题没有列入上述残障者所指出的十大问题中，但在过去十几年中，该问题在车辆方面已经显现出来。例如，在对公共汽车运营商所召开的听证会上，在日本全国范围内都有了相同的回复，并且有较多的不满，如"即使是写有无台阶或 1 级台阶的车辆，其后部的落差仍较大，轮椅的通过性差，对腿脚不好的老年人来说不友好"。这是由于传统后置发动机的制造方法所引起的，因此只要继续开发基于发动机的车辆，就很难解决该问题（图 1.7）。在轨道车辆中，自泡沫经济以来，更加注重观看景观的优质优等列车数量在增加，其结果是没有消除台阶的现象也很明显（图 1.8）。这种旧式设计与无障碍通用设计的概念之间有冲突。这些事例表明我们并没有考虑面向未来长期的可用性及灵活的可变性。也就是说，它们告知我们长期可用性和可变性研究在交通环境方面开发的重要性。

图 1.7　作为日本主流的后置发动机公共汽车，　　图 1.8　具有落差而视野良好的实例
　　　　　后部的落差比较大　　　　　　　　　　　　　　（富士快车）

　　从非交通环境的旅游环境来看，最近大阪城、冈山城、金泽城、唐津城、名古屋城等装设了电梯，在善光寺设置了斜坡，希望保护历史价值的人们与追求无障碍通用设计功能的人们之间发生了意见分歧（图 1.9、图 1.10）。这种价值观的冲突一定存在于设计领域中。在创造移动性环境时，协调这种价值观的冲突也很重要。

图 1.9　历史价值与无障碍通用设计　　　图 1.10　历史价值与无障碍通用设计
　　　冲突的实例：大阪城的外设电梯　　　　　　冲突的实例：善光寺的斜坡

## 1.6　购票支付难的问题

　　购票支付难也是残障者期待改善的一个项目。由于轮椅的脚轮进入不到自动售

票机下面，坐在轮椅上购票较为困难，会出现操作触摸屏或按钮不便的情况，并会发生购买错误。因此，购票支付难也是一个主要问题。

在罗纳德·梅斯的 7 个通用设计原则中，作为"减少身体负担"的典型例子，就是近年来 JR 东日本开发的 SuicaIC 卡。自 2001 年对残障者进行调查以来的 15 年间，除了 IC 卡及信用卡的支付方式外，移动支付和自动充值技术的普及，使购票支付的便利性大大提高。根据 JR 东日本的统计，以 Suica 推出的 2001 年为基准 100%，到 2013 年，用于车票制作的纸张数量减少到 38%（图 1.11）。Suica 应该是通用设计和生态设计融合的典范之一。此外，根据场所不同，可看到不需要更新车票销售机的事例，对于交通业务管理而言，已成为"轻薄短小"的一个很好例子。

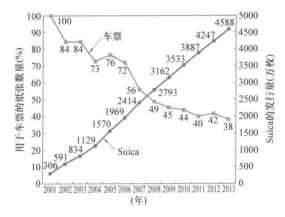

图 1.11　Suica 发行量与车票使用纸张数量之间的关系图

（JR 东日本 https：//www. jreast. cojp/eco/circulation/）

## 1.7　携带行李或儿童移动难的问题

残障者、老年人，以及带孩子的父母和海外游客等，移动时行李的负担很大。特别是近年来，社会上出现了"婴儿车在车内是否一定要折叠起来？是否允许儿童坐在婴儿车乘车？"这样的争论。日本全国 300 名男女（107 名男性，193 名女性）被问到"对电车内的婴儿车是否感到带来不便？"，回答"是"的人达到 33%（导航新闻调查，2014 年）。另一方面，在 2014 年 3 月，日本国土交通省发布了"使用婴儿车的注意点"和"婴儿车标志"（图 1.12）。日本国土交通省规定，在电车及公共汽车等公共交通车辆中，可以使用婴儿车，不用折叠。同

图 1.12　日本国土交通省发布的婴儿车标志（2014 年 3 月）

年 5 月也开展了相关的活动，以提高认识，促进理解。

需要记住的是，根据在公共交通等设施使用婴儿车的相关调查数据，带孩子的家长将携带包括婴儿车在内的约 20kg 的行李移动。外出时，如果加上尿布等，预计会更重。因此，行李或儿童成为移动的负担，有时可能导致意外受伤。这些因素是造成移动障碍增大的原因。也许是时代的需要，2001 年 3 月 31 日废止的东京站内的"红帽子"（从车站入口到候车室及列车，或反过来从列车到候车室及出口为乘客服务的行李搬运员）在 2012 年 10 月 1 日又被 YAMATO 运输公司恢复了。这是自 2006 年冈山站废止以来，日本国内铁路的搬运员恢复的事例，令人记忆犹新。此外，如箱根登山铁路一样，出现了从车站到酒店及旅馆提供搬运服务的运营商，来解决相关问题。

## 1.8　援助角度的负担和界限

近年来，人们经常在大众媒体上看到"老老护理"这个词。65 岁以上的老年人需要照顾自己父母及兄弟姐妹的案例有所增加。正因为提供照顾的家庭成员、亲戚和志愿者的老龄化，必须考虑他们体力和精神状况的界限。另一方面，如上所述，车站工作人员和公共汽车驾驶员虽然接受了如何对待老年人和智障者的教育并进行了相关实践，但由于车站工作人员人数有限，特别是在火车站无法为相关人员有效提供充分的支援。因此，在车站诞生了志愿者这样的组织。例如，横滨市营地铁在 2004 年度推出了这样的实例。事实上，问题的解决需要进入同一车站的其他铁路公司和公共汽车公司的相互协助，包括要考虑车站周边空间的连续性，同时常驻型志愿者的运营需花费大量劳力也是一大课题。然而，它作为提高服务水平的有效手段值得期待。

## 1.9　深化公共交通环境认知方面教育的界限

日本在发达先进国家中，从初等教育到高等教育，被认为花在加深理解公共交通运输环境上的教育时间不足。其结果是在日本国内，人们不愿意支付税金用以改善公共交通环境。同时，人们在考虑用这些税金来改善私家车的环境。近年来，在小学等场所进行综合学习的时间有所增加，虽然笔者被邀请担任交通教育计划讲座的情况比以前有所增加，但总体来说这方面的教育时间仍然很短。在考虑通过提高移动性来保持服务水平时，有必要养成公共交通服务时的姿态。例如，社会需要知晓公共交通利用者对现有服务方式的体会。这些教育部门的环境改善对于提高交通质量至关重要。

例如，笔者在东京都市大学城市生活学部进行专业科目"儿童环境与福祉生活环境（福祉社区发展）"讲座时，让大家积极模拟老年人和残疾人的移动，并从当事人的角度考虑怎样改善他们的移动。例如，通过轮椅试乘及辅助体验（图 1.13）、眼罩视觉障碍体验、幼儿视觉体验眼镜的制作和实践、孕妇体验、婴儿车体验（图 1.14）等项目，加深了实际的理解。这些体验项目受到学生和同事的好评，并通过这些体验提高了大家对公共交通环境的理解和创造能力，对于构建移动型社会有重要意义。

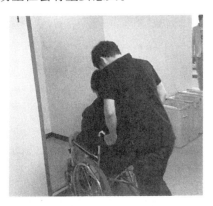

图 1.13　东京都市大学都市生活学部
　　　　　在"福祉社区发展"讲座
　　　中进行的轮椅试乘及辅助体验

图 1.14　婴儿车及玩具娃娃的体验教育

## 1.10　基于现代交通问题来审视未来日本国内交通

基于现代交通的问题点，为确保移动权，并从创造一个服务水平高的日本国内社会这一视角来看，总结如下：

- 需要意识到"是否考虑改进措施的长期可用性，而不是在某一时间点""软硬件是否没有矛盾、具有一致性，是否可以有效地划分"以及"空间上是否可取得连续性"这三个条件，来构建未来的交通远景。
- 随着佩戴式智能设备的发展，我们应充分意识到，以前的"重厚长大"基础设施将向"轻薄短小"转变，并以此来构建未来的交通远景。
- 对以往的一次性交通环境开发进行反省，着眼于未来考虑长期用户的灵活性和可变性。另外，对改善交通环境功能的要求（例如，设施的历史观和审美性等设计要求）也要以宽广的视野来看待，并以此来构建未来的交通远景。
- 并不一定要依靠硬件，而是基于培育交通志愿者，从小学教育开始进行公共交通环境教育，重视软件重要性，描绘未来的交通远景。

# 第 2 章
## 未来公共交通的特征

本章将总结今后公共交通的特征及创新点。

**少子老龄化和国际化的应对**

众所周知，日本国内的少子老龄化已经是非常严重的社会问题。根据内阁府资料，全国的总人口在 2013 年 10 月 1 日是 1 亿 2730 万人，其中 65 岁以上的老年人口达到了历史最高的 3190 万人。65 岁以上人口在总人口中所占比率，即老龄化率达到历史最高值 25.1%。预计到 2050 年，这一老龄化比例将达到 38.8%，而到 2060 年，这一比例将达到 40% 左右（图 2.1）。

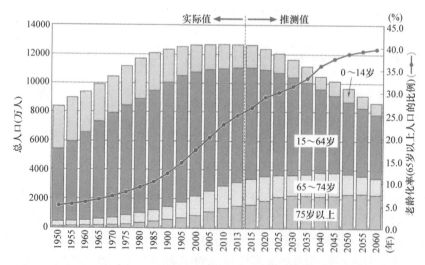

图 2.1　到 2060 年为止的人口预测（日本国立社会保障人口问题研究所提供）

人口持续减少也是不能忘记的事实。据预测，日本的总人口将持续减少。据推算，到 2026 年人口将下降到 1.02 亿人以下，到 2050 年将下降到 1 亿人以下，达到 9913 万人，到 2060 年总人口将下降到 8674 万人。另一方面，预计出生人数也将持续减少。据推算，2060 年出生人数为 48 万人，而到 2046 年，0～14 岁的少年人口将预计跌破 1000 万人。并且到 2060 年下降到 791 万人，不到现在的一半。出生人口数的减少意味着劳动年龄人口的减少，据推算，到 2030 年劳动年龄人口为 6773 万人，低于 7000 万人，而到 2060 年将下降到 4418 万人。截止到 2015 年，每 2.3 名劳动者（20 岁到 60 岁之间的劳动人口）对应 1 名高龄者。但是随着高龄化率上升，劳动者的比例将不断下降，到 2060 年将形成 1.3 名劳动者对应 1 名高龄者的结构状况。

另一方面，日本法务省的资料显示，2012 年 7 月 9 日开始实施的外国人新居留管理制度的人员中，中长期居留者的人数，在 2012 年末为 1656514 人，同年末的特别永久居留者人数为 381645 人，中长期居留者和特别永久居留者合计达到 2038159 人。今后，随着企业和大学等研究教育机构全球化的进程，这种中长期居留的外国人也将进一步增加。由于日本人总人口的减少，从人口比重来看，预计外国人所占比重将进一步提高。

从长远来看，有必要基于这样的社会结构，来提高交通环境的可用性。特别是日本国内需要讨论的是："怎样通过明确技术动向，在什么时候（when），在哪里（where），用什么样的技术（what/which），由谁（who）来做怎样的（how）投入？"要找出交通政策"5W1H"中的长期规划决策过程的疏忽点。在日本国内，随着汽车技术的普及，拥有 30 辆以上公共汽车的运营商中 80% 以上都处于亏损状态，甚至还存在很多公共交通运营商（铁路、公共汽车及出租车）难以经营下去。交通方面的收入在减少，并且由于人口数量的减少，用于交通基础设施建设的税收也会随之减少，进一步制约了相关的预算。

前文提到，在政策研究的领域里，笔者们进行了一些先导性的研究，将交通事业者以及支撑它的相关交通行政的经营状况、技术引进的优点和缺点等信息向市民进行公开；并根据社会调查明确市民的支付意愿金额，就市民对于某项技术引进进行客观判断所需的技术数据进行仿真。这样以公平中立立场的研究人员为中心，将交通事业者、行政管理者及市民关联起来的方式，让所有利益相关方来决定未来交通方向的跨学科研究方法，在将来能够更多地在交通政策的构建中被采用。

## 2.2　无障碍通用设计的推进

在日本国内，随着老龄化的深入，作为公共交通环境的最重要的一环，"去除障碍"将处于很重要的位置，于是就产生了无障碍的概念。无障碍被定义为"不论是对于残疾人、高龄者、儿童，还是外国人等，所制造的商品或所设计的建筑物，包括后面的改进，都应该使任何人在生活中不受影响"。在日本国内，1995 年的《残疾人白皮书》中将障碍分为"4 类障碍"，即物理障碍、制度障碍、文化信息障碍和意识障碍，并敦促针对儿童也进行讨论研究，在这以后，障碍消除在各个领域都取得了进展。

但是，从另一方面来看，"去除障碍"是很强的"事后改良"性质的设计哲学。因此，由于环境的不同，在改良的技术上产生了很多困难；并且由于事后改良具有小批量的特征，会产生大量的各种浪费。结果是费时、费钱的问题就凸显出来了。于是，"期初开始可能随时随地引进""期初开始就可能大量标准化生产""通过标准化和大规模生产可能实现廉价"，这些在美国通用设计中实现的三要素，2000年以后开始受到日本国内的关注。

"去除障碍"对残疾人、高龄者等特定人群的特别处置色彩浓厚，并且对已有的障碍进行处理是现在的一般考虑方法。

"无障碍通用设计"不受有无残障、年龄、身体大小、性别、国籍、人种等的限制，任何人都能使用，是从最初开始就排除障碍的设计方法。

通用设计的诞生可以追溯到美国战伤士兵问题被关注的时期（第二次世界大战后尤为突出）。幸存下来的多数士兵的伤残问题，必须想办法解决。这一风潮的出现，与罗纳德·梅斯在1985年提倡的通用设计有关。此后，1990年7月制定了《美国残疾人法》（简称 ADA 法，也被译为《残障美国人法》）。ADA 法是一部保障残疾人公民平等参与社会机会的法律。也就是说，在雇用、交通及公共设施的利用，语障者及听障者的电话利用等方面，无论官方和民间，在所有方面禁止对残疾人进行差别化对待。用法律明确了对于"不给予平等的机会＝差别化对待"的国家立场，这是 ADA 法在国际上广受好评的原因。美国以"谁都有可能成为当事人"为基础整顿法律侵害的做法也受到了好评。

与此相对，日本国内也于2006年制定了《关于促进高龄者、残疾人等移动方便化的法律》（通称无障碍新法）。日本的无障碍新法通过设置扶手和盲文等诸多改良措施，将法律规定范围内的应对作为"努力目标"。另一方面，在 ADA 法中，如果在公共空间因残障而不能使用，则将其规定本身视为歧视，进行"违法判断"，两者在法律约束力上存在很大差异。这种法律约束力的减弱导致了目前日本国内有将移动权（移动性）规定为基本人权的动向。在制度方面，日本也处于步美国后尘的状况。

在通用设计方面，罗纳德·梅斯提出了"7个原则"。通过满足这7个原则，可确保移动权，创造出满意度高的可移动环境。7个原则的原文如下：①Equitable Use；②Flexibility in Use；③Simple and Intuitive；④Perceptible Information；⑤Tolerance for Error；⑥Low Physical Effort；⑦Size and Space for Approach and Use。其译文见表 2.1。

表 2.1　通用设计的 7 个原则

| |
| --- |
| 1. 公平性：所有的使用者可以平等地利用 |
| 2. 灵活性：使用时的自由度高 |
| 3. 单纯性：凭直觉可以简单地使用 |
| 4. 认知性：可感知信息 |

（续）

5. 安全性：能够容错的设计

6. 效率性：能够快乐地使用

7. 空间实用性：空间大，容易使用

## 2.3　生态设计的推进

进入 21 世纪，进行产品设计时考虑环境的"生态设计"的概念及设计哲学逐渐被世界上所重视。这是美国加州大学建筑学系名誉教授西姆·范·德·莱恩（凭借《生态设计》的作者而闻名）等人提倡的设计概念。生态设计一般是指"产品在生产、使用、回收、最终废弃等所有阶段都要考虑环保及经济效益的设计及其生产技术"。从为消费者提供的产品或服务，到原材料采购、制造系统、物流系统、废弃等产品的生命周期的所有阶段，都需考虑环境而进行规划和设计，是广义的生态设计的范畴。在两年举办一次的生态设计国际会议上，所发表论文数显著增加，相关领域的推广也取得了显著效果。

西姆·范·德·莱恩为了从生态的观点重新审视设计这一行为，发表了生态设计的 5 个原则。这是以后在进行生态设计时应遵循的规则。

（1）寻求当地的解决方案（Solutions grow from place）

进行生态设计时，应对地球上所有地域的环境和特性加以灵活运用。可持续的解决方案和发展，需要尊重和理解特定场所所具有的独特的自然特征和当地文化。

（2）生态收支决定设计方向（Ecological accounting informs design）

将环境影响评价（Life cycle assessment，LCA）作为生态设计的基础。基于所有人类活动成本都是可测量的这一经济法则为基础，西姆·范·德·莱恩提倡"环境经济学（Environomics）"。应该考虑到生态收支＝物质和能源循环相关的收支，以及对地球环境的影响的基础上决定设计方案。

（3）根据自然进行设计（Design with nature）

自然中包含着风的流动、水的流动，以及生态系统的循环等各种各样的系统。在生态设计中，应该有效利用这样的自然本身所具有的过程和模式。

（4）人人都是设计师（Everyone is a designer）

在生态设计中，不仅是进行企划、设计的人，所有的人都需要参与计划、行动、执行。设计并不是专家的东西，只有住在那里的人们创造出符合他们需求的解决方案，才是设计的真正定义。同时，有必要从初等教育阶段开始，使得孩子们意识到生态设计，提高生态设计的能力。

（5）彰显自然（Make nature visible）

生态设计需要提高人们对自然的意识和关心。由于看不到自己的食物、水、电从何而来的过程，结果就产生了对自然的关心和想象力下降的问题。通过感知自然结构视觉化的设计，就有机会学习到自然与设计的协调关系。

生态设计的 5 个原则如上所述。西姆·范·德·莱恩等人认为，破坏自然就是环境方面的成本。应研究怎样好好利用我们周围的自然环境，在减少能源和资源的浪费的同时，构建"可持续的社会"。

从全球范围来看，造成全球变暖的二氧化碳排放量，运输部门实际占总排放量的 20%。在此背景下，以欧美地区和日本为中心，为了可持续发展，交通运输领域也对生态环保设计的引进和普及寄予厚望。西姆·范·德·莱恩在生态设计的 5 个原则中定义了"人人都是设计师"，并指出，我们必须在生活的方方面面中设计、判断和行动，以保护环境。而现代日本缺乏这种设计哲学及精神。现在正是以"人人都是设计师"的视角在日本进行交通教育、考虑移动可持续性的时候了。

## 2.4  公共交通环境国际标准化及其推进的提案

目前，国际公共交通环境创造的两大根本要点是"对人友好"和"对地球友好"，这是没有异议的。如果用专业的语言来表示的话，就是：

**对人友好的设计 = 无障碍通用设计**

**+**

**对地球友好 = 生态设计**

同时满足这两个条件的设计将成为今后公共交通环境国际标准化的目标。实际上，包括日本在内的全世界范围内的行政部门都向经营者们提出了这两点要求，这也是世界趋势。

表 2.2 是笔者提出的用于评价是否达成了通用设计 + 生态设计而使用的表格草案，单纯地将通用设计的 7 个原则和生态设计的 5 个原则构成一个矩阵，1 格 1 分，满分 35 分。可以用相关的设计过程来评价通用设计 + 环保设计的实现程度的同时，通过改善公共交通环境的努力，构建对人及地球双方都友好的、高满意度的环境。特别是，是否给某个格子 1 分，由于涉及是否获得系统设计领域所使用的"价值观、技术、制度的平衡"这一现实性的指标，所以以此作为判断标准（图 2.2）。这样一来，表 2.1 所列的指标将变成通用设计 + 生态设计 + 系统设计的相累加，进一步提高了应用性。从国际上看，过去的公共交通环境研究也没有这种现实性高的设计评价指标，希望今后能够在国际上使用这种评价标准。

表 2.2　评价通用设计 + 生态设计的表格（草案）

|  | 公平性 | 灵活性 | 单纯性 | 认知性 | 安全性 | 效率性 | 空间实用性 |
|---|---|---|---|---|---|---|---|
| 寻求当地的解决方案 |  |  |  |  |  |  |  |
| 生态收支决定设计方向 |  |  |  |  |  |  |  |
| 根据自然进行设计 |  |  |  |  |  |  |  |
| 人人都是设计师 |  |  |  |  |  |  |  |
| 彰显自然 |  |  |  |  |  |  |  |

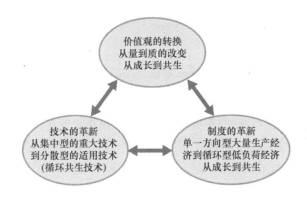

图 2.2　系统设计中重要的社会变革 3 要素

## 2.5　建立高效的公共交通和移动服务学社会

从表 2.2 可以看到，通用设计不仅具有设计的效果，还具有环保收支意识，有利于创造高效率的公共交通。通过确保普遍意义的移动权，使得所有人都能移动容易，形成满意度高的社会正是笔者所追求的"移动性 + 服务性 = 流动服务性的社会"。服务的关键是对人们和事物的方式和态度，真诚以及相互理解。在服务性社会的创造过程中，硬件和软件设计方的态度和姿态被要求得更高。正因为如此，从都是设计师的生态设计哲学，以及包含所有人的通用设计哲学的相互融合非常重要，它有助于促进世界上的人们相互理解。表 2.2 所列的内容以及基于这个想法为基础的交通教育，在国际上值得期待。

# 第3章

## 创造移动服务学社会的案例研究

从本章开始，笔者想介绍几个本人参与的有关案例，这些案例能够为构筑确保普遍意义的移动权，使得所有人都能移动容易，形成满意度高的社会提供一些启示。对人及地球都友好的通用设计与生态设计相融合，创造出满意度高、更加容易移动的环境的设计哲学，大多隐含在这些案例中。

## 3.1 电动低平地板公交车

### 3.1.1 一直以来难以实现的全平地板的公交车

读者朋友们应该已经注意到，过去的线路公交车是以二步台阶为主，现在已变成一步台阶公交车或无台阶公交车为主，正在向低地板化发展。同时，公交车的车体上明明写着"单级台阶车""无台阶车"的字样，但到了车的后部，仍然有较高的台阶，让人感到与外面写的相矛盾。因为实际上只有车辆前部才是单级或无台阶这一点不太为人所知，所以公交车运营商收到了很多关于车内移动不便的投诉。

老年人说到年幼的时候的公共汽车，应该是前置发动机舱的公共汽车（图3.1）。但是，随着经济进入高度增长期，以城市交通为中心的通勤交通开始被重视。由于需要能够进行更大运输量的公交车，出现了像牵引车一样将驾驶席和车厢分开的车辆。但是，随着汽车的普及大众化，双人驾驶会导致运输人工费高涨，给经营带来了压力，意识到这一点，就有必要变成单人驾驶车。当初在日本国内开发出了一种叫"Cabover"的驾驶席在发动机上方的客车（图3.2）。如果在客车车身上采用以上布局，与具有相同车身长度的前置发动机舱客车相比，车厢面积较大，因此日本国内从1950年左右开始采用此类车型的比例有所增加。但在日本国内，空间利用效率更佳、单人驾驶并可轻松控制前门的后置发动机布置方式逐渐成为主流，Cabover式公交车后来也被后置发动机方式所取代。从20世纪60年代中期开始，除了特例以外，公交车辆都采用了后置发动机布置。但由于后置发动机的小型化受到限制，现在的单级台阶和无台阶公交车在后部有较高的台阶，与其名称不符。虽然也有过几例将发动机小型化，并用涡轮发动机实现后部完全无台阶的例子，但由于发动机布局和底盘设计困难，不得不撤掉最后一排座椅，结果成本高昂，用于实际应用的仅限于极少数（图3.3）。

图 3.1　前置发动机舱的公共汽车

图 3.2　驾驶席在发动机上方的客车

图 3.3　被限定生产的前后地板都平的后置发动机的公交车——在这种方式中，原来的大型车用发动机改为配备增压器（涡轮）的中型车用小型发动机，发动机小型化后使得车厢面积扩大，但由于中门以后增设了一排座位，加上一些特殊的布置，使得成本高涨，而且动力不足的问题被认为是公交公司的劳动环境问题，最终，实际上应用有限

从图 3.4 和图 3.5 可以看出，采用燃油发动机的公交车不仅难以抑制废气排放，而且难以实现完全无台阶，这种状况一直持续到今天，因此很难提高服务的满意度。意识到该问题，笔者开始了对人和地球都友好的、融合了通用设计和生态设计的公交车研究。

图 3.4　后置发动机式单级台阶公交车——单级台阶公交车至少还有一个台阶，由于这个台阶引起的跌倒事故也不少，令商家头疼

**19**

图 3.5　3 门无台阶的公交车——在城市中，为了缩短上下车时间而积极导入 3 门公交车的运营商很多，但由于考虑到无台阶，发动机和传动机构的布局不仅困难，最后一扇门的配置也变得极为不易，所以 3 门式的无台阶公交车在日本国内是极其特殊的案例，投入使用的数量很有限，现存数量也很少

### 3.1.2　电机驱动的新公交车的构想

近年来，随着老年人和残障人士的增加，公交车再一次作为连接各地区的移动工具被重新认识。受此影响，2004 年以后，日本国土交通省也制定了无台阶公共汽车标准规格，并准备了标准规格车辆购置补助金，以迅速普及无台阶公共汽车。不过，国产既有的大型无台阶客车采用了传统的后置发动机技术。因此，如前所述，当乘客多时，要想实现无台阶化更加困难。另外，从防止全球变暖的观点来看，监督部门和地方自治团体强烈要求公共汽车运营商每年都要减少二氧化碳排放。对公共汽车经营者而言，也需要通用设计和生态设计的融合。

以这个紧迫的课题为前提，笔者所在的庆应义塾大学，参与推进了大型电动全平板公交车的开发研究——2009 日本环境省产学研环境尖端技术普及项目"电动全平地板公交车的地区普及模型制定及系统化的实证研究"，研究项目主持人为庆应义塾大学环境信息学院教授清水浩庆，笔者作为该项目的第二主持人参与了包括车辆试制等相关的各种实际工作。

本研究开发的核心技术是"集成底盘"（图 3.6）。在当时的研究项目负责人的带领下，庆应义塾大学的项目组一直在开发电动汽车。

其基本概念是从零开始开发电动汽车专用平台，而不是将发动机换装为电机的所谓变型式电动汽车。其独创性在于行驶所需的设备，如电池、电机（各轮的内侧上各安装一个小型电机，等同一个大型电机同样的行驶能力，称为轮毂电机）及逆变器等，就如轨道电车的电机一样安置在地板的下方。这种技术被命名为集成底盘。

将本技术用于公交车，则可以扩大车厢，采用轮毂电机及更多的锂电池使得续驶里程变长，在实现了社会所要求的无障碍的同时，使用者的满意度也得到了提高（图 3.7）。这种作为电动汽车平台的集成底盘的概念和技术，恰恰有助于解决公交

轮毂电机
电机安装在车轮里
(高效率、轻量化、有效空间扩大)

双联车轮悬架
2个车轮的弹性元件通过液压泵相连接
(改善了平顺性、提高了转向速度、扩大了有效空间)

集成内置式车架
电池、逆变器、控制器安置在地板下
(轻量化、重心低、有效空间扩大)

图 3.6　电动汽车的制作概念图（集成底盘）——电动汽车的新设计概念是，将行驶所需的装置完全设置在地板下，以确保车厢宽敞，利用这一特点可以制作全平地板无台阶的公交车

事业中被强烈要求的通用设计和生态设计相结合这一重要课题。因此，研究项目负责人以及庆应义塾大学一直在研究利用集成底盘技术的大型电动全平板客车的开发及构筑其普及战略。

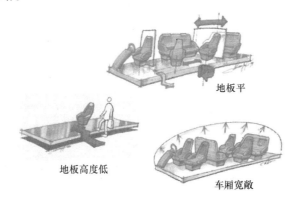

地板平

地板高度低

车厢宽敞

图 3.7　集成底盘用于公交车车辆的优点——驾驶容易使得可以雇用兼职的老年人

## 3.1.3　试制概要

庆应义塾大学从 2009 年至 2011 年，试制的大型电动全平板公交车是以产（五十铃汽车公司）、政（神奈川县、社团法人神奈川县公交车协会及协会成员公交车经营者）、学（庆应义塾大学）的体制为轴心推进的项目。在开发方面，以笔者为核心开展相关工作，增加了庆应义塾大学与产、政方面交流意见的机会，争取制造出具有实用价值的公共汽车。

安全、放心、坚固的车身，对于公共交通的线路公交车的开发非常重要。车身使用铝和聚碳酸酯，尽可能地实现轻量化。底盘上安装了新开发的直接驱动式轮毂电机，降低了损耗、实现了高效驱动。所开发的大型电动全平板客车的相关参数见表 3.1。试制车为了上白色车牌，将乘员数设定为上限的 49 人，但实际上该车可

以容纳 70 人。

**表 3.1　庆应义塾大学试制的大型电动全平板公交车相关参数**

| 参数 | 数　值 |
|------|--------|
| 总宽 | 2490mm（大型车） |
| 总长 | 10050mm（大型车） |
| 总高 | 2730mm（比通常公交车低 300～400mm） |
| 额定载客人数 | 合计 49 人（包括驾驶员座位共 21 坐席，28 站席） |
| 质量 | 11800kg（总质量），8600kg（空车质量） |
| 地板距地面高度 | 270mm（无障碍对应） |
| 续驶里程 | 121km（标准线路公交车每天的行驶里程为 120km 以内） |
| 电力消耗 | 900W·h/km（相当于燃油消耗 6km/L） |
| 爬坡度 | 13.5%（丘陵地区公交车的最大坡度为 9.6%） |
| 最高车速 | 60km/h（线路公交车所要求的最高车速） |

对于电动全平板公交车汽车，公交运营商最关心的是充电一次的续驶里程。充电一次的续驶里程在横滨市内的实际行驶结果为 121km。笔者对神奈川县公交车协会的 12 家会员公司进行听证调查的结果显示，会员公司车辆每天从出库到入库的平均行驶里程为 120km 左右。如果再加上实际运行的结果可以判定，现有的规格参数大致能满足现有的通行时刻要求（能提供正常运行所需的续驶里程和各种服务）。通过导入集成底盘的概念及技术，可降低最小离地间隙，提高通用设计水平。图 3.8 为试制的大型电动全平板客车的前视图，图 3.9 为后视图。另外，图 3.10 为车内布置图。考虑到在线路公交车中可能会发生劫持事件，采用了全平板的简易设计，紧急逃生门如轨道电车一样采用后部贯通门式，在发生事件时也比现有的情况更容易逃离（图 3.11、图 3.12）。

图 3.8　庆应义塾大学试制的大型电动全平板客车的前视图

图 3.9　庆应义塾大学试制的大型电动全平板客车的后视图——作为全平地板
的标志，在后部设置有逃生口，使得发生特别事件时容易逃离

图 3.10　庆应义塾大学试制的大型电动低全平板客车的车内布置图——试制车辆后部座椅
下方还留有少许不平的台阶，但车内通道到后部都是全平

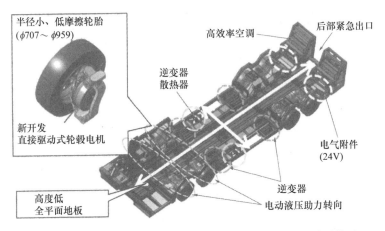

图 3.11　庆应义塾大学试制的大型电动全平板客车的驱动系构造

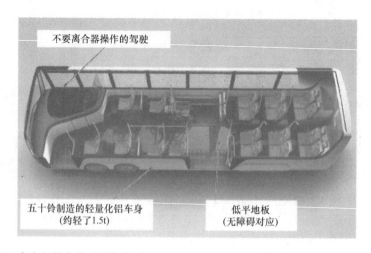

不要离合器操作的驾驶

五十铃制造的轻量化铝车身
（约轻了1.5t）

低平地板
（无障碍对应）

图 3.12 庆应义塾大学试制的大型电动全平板客车的车内俯视图——因为是全平的低地板，所以乘客感到很亲切，轻量化的铝车身使得燃料效率良好，有利于经营者，没有离合器操纵使得驾驶员感到很亲切，"用户、经营者、使用者三方都有利"的新型车厢，使得各方面得益，形成了各方满意度总体都高的车辆，这正是移动性实现的精髓

### 3.1.4　电动低平地板公交车的使用效果

据社团法人神奈川县公交车协会称，现有的大型无台阶公交车（全长 10.5m，宽 2.5m）1km 的耗油量平均为 38 日元（当时价格，下同）。另一方面，试制的大型电动低平地板客车具有同样的尺寸，1km 价格为 8 日元（夜间用电时）。电动化后 1km 约 30 日元的燃料优势得到了认可。从日本全国范围看，线路公交车目前平均每天行驶 120km，一年内行驶 300 天，也就是说，如果 30 日元 × 120km × 300 天，那么每辆大型客车每年可节约 108 万日元的油耗，这将大大减少运行成本。城市大型公共汽车日本全国平均的报废期为 12 年。如果按一辆车的寿命跨度来看，12 年内的燃油费用将节约：一年 108 万日元 × 12 年 = 约 1300 万日元。如果是拥有500 辆大型客车的公司，每年可节约 5 亿日元左右的燃油费用。这相当于 25 辆现有无台阶大型客车（使用燃油发动机）的初始成本。

另外，由于电动公交车的零部件数较少，总运行成本减去燃油费后的剩余运行成本（指零部件维修保养费）可以降低约 50%（美国 Electric Power Research 研究所的调查结果）。以此为基础推算出维护保养的费用削减额，大型公交车每年可减少约 77 万日元。同时，现有使用内燃机的大型公交车排出的二氧化碳排放量为每千米 0.61kg（日本国土交通省 2009 年度的数据）。电动汽车在行驶时不会排放二氧化碳，即使考虑到发电时排出的二氧化碳，仍可减少大量的二氧化碳排放，这对线路公交沿线也非常有利的。因此，大型电动低地板全平板公交车不仅对用户，对公交车运营商的效益也很大。笔者调查后发现，由于大多数运营商 80%~85% 的车票收入都用于驾驶员等的人工费，因此，将退休的驾驶员聘用为时薪制驾驶员或临时工驾驶员的情况在增加。对于超过 60 岁的驾驶员来说，零部件数量少、自动化程度高的电动公交车更容易驾驶，预计失误也将减少。大型电动低地板全平板公交车对于汽车普及化时代经营困难的客车运营商本身也做出了巨大的贡献。

### 3.1.5　电动低平地板公交车的验证及用户/市民的评价

当时我们在日本环境省的支援下，进行了大型电动低地板全平板客车的实证行驶评价试验。通过神奈川县公交车协会的协调，神奈川中央交通股份有限公司和京滨快速公交车股份有限公司欣然同意并协助了实证运行。2011 年，神奈川中央交通选择了"湘 23 系统·湘南台站—庆应义塾大学湘南藤泽校区"、京滨快速公交车选择了"蒲 95 系统·蒲田站—羽田机场"作为实证评价路线。两者都是城市内近郊路线，前者单程为 4km，后者单程为 7km，每天进行 4 次往返试跑。接着，在 2012 年，还在神奈川中央交通的"湘 20 系统·湘南台站—绫濑车库"（单程 8.7km）和"辻 33 系统·辻堂车站—绫濑车库"（单程 14.7km），以及京滨急行公交车的"森林 21 系统·大森站—羽田机场"（单程 7.5km），"4 系统·矶子车站—追浜享库"（单程 12.7km）进行了试验。从 2011 年到 2012 年，上述共计 6 条线路的电动低地板全平板公交与日常运行一样，由各公司驾驶员驾驶，进行了实证运行。另外，在 2011 年的实证行驶中，共有 380 名普通乘客进行乘车体验，并在评价用纸上进行了作答。共对负责上述 6 条线路运营 2 年的两家公司共计 19 名驾驶员实施了面向驾驶员的评价调查。还对管理层进行了评价听证。

根据日本国土交通省在 2012 年 6 月制定的"电动公交车导入指南"可知，实际行驶时的用电费用与乘车人员的多少和车辆的行驶状况（低速行驶、加速频率）、有无坡道、车辆的设备（空调设备、轮胎的种类）等多种复杂因素有关，因此，行驶条件以此而设定。"根据行驶条件的电费的分布"是通过研究低速行驶的影响、加速的影响、乘坐人数的影响、室内空调设备使用的影响以及室外气温的影响而进行的。为了确定上述的影响，在听取了神奈川中央交通·京滨快速公交车的现场意见的基础上，确定了下述行驶的条件和方法。

（1）考虑乘坐人数的负荷

2011 年，通过互联网公开征集共计 380 人上车体验。1 次乘车以在座椅上入座乘车为前提，约为 5~15 人。2012 年由于研究经费的制约，进行了如下的模拟条件设定。为了观察根据乘车人数利用状况的不同而产生的评价数据的差异，设定了以下的 3 个模式：人数少模式为 4~6 人左右；人数中模式为 15 人左右；人数多模式为 30 人左右（以上均包括 1 名驾驶员）。另外，考虑到所有的通常运行状况，中等人数的状况居多，因此制定了以获取中等人数状况运行数据最多的运行计划。1 条线路运行 9~10 天，2012 年的 4 条线路人数少模式设定了 2 天，人数多模式设定了 3 天，其余的时间安排在所有其他模式运行。负载为 20L 装满水的塑料桶，中等人数模式装 25 个（500kg），多人数模式装 60 个（1200kg），此外，包括驾驶员在内平均有 6 人（最少 3 人，最多 10 人）乘坐，并记录运行过所有的线路的状况。

（2）公交站台上有无模拟停车

2011 年，由于线路长度较短，没有模拟停车。2012 年，在模拟公交站台进行了停车（短路线有 7 处，长路线有 13 处），基本上是打开前门、中门，让调查员进行上下车。为了得到不同加速频率下的数据，每条线路上每种负荷下，至少有一次在模拟公交站台不停车。当然，即使在这种情况下，也会有遇到红灯而不得不停车的状况，所以不能做到完全不停车行驶。

（3）关于室内空调设备的设置

2011 年和 2012 年，为了得到室内空调设备是否使用而产生影响的数据，对使用空调运行和不使用空调运行都进行了运行。至于是否使用空调，则由驾驶员根据通常的运行情况和试验日的气温来判断，但同一次运行，则要求在同等条件下行驶。此外，关于是否使用了灯光，室内灯的点亮与否，刮水器和风窗电加热功能的使用与否等，也尽可能记录下来。

（4）关于充电作业

一般的公交车，通常是早上出库，傍晚以后入库，中间休息（午休）时加油。2011 年由笔者负责充电，2012 年由指定的驾驶员（京滨快速公交车 15 名，神奈川中央交通 4 名，共 19 名）用共同参与研究的 JFE 工程公司的超高速供电装置（SUPERRAPIDAS）在午休时间进行充电。

（5）各种安全保护对策

为了确保实际运行中乘坐安心和安全，在公交公司的协助下，除驾驶员外，至少有一名辅助驾驶员上车。另外，庆应义塾大学方面的技术人员也在车上，并联系了拖车车辆运营商，以防意外。

以上述的行驶条件为前提，对电动低地板全平板客车的社会方面的性能进行评价。基于实际行驶数据，对其社会方面的性能的评价结果说明如下。

### 3.1.5.1 二氧化碳的减少效果

首先，对 2011 年及 2012 年进行实证运行的 6 条线路进行了二氧化碳减少量的计算和评价。$CO_2$ 削减效果的估算方法，使用了日本国内信用认证委员会认可的方法，即"方法论 020：电动汽车更新版"。

表 3.2 列出了用于计算 $CO_2$ 排放量的排放系数等数值。电力的碳排放基数使用了东京电力 2011 年度的实际业绩值。图 3.13 是引入电动全平板汽车前后的削减效果的计算结果。以营运的模拟行驶数据为基础，计算出来的 $CO_2$ 减少效果的结果可知：对比普通的柴油线路公交车，电动低地板全平板客车每年二氧化碳排放的减少量，在使用空调的情况下可减少 24.2%～48.6%，不使用空调时可削减 34.9%～52.5%。但是，由于数据获取的制约，没有能考虑充放电损耗，计算值可

能比实际排放量稍大。

表 3.2　$CO_2$ 计算时采用的系数及发热量

| 系数及发热量 | 数值 |
| --- | --- |
| 燃油（柴油）的单位发热量 | 37.7GJ/kL |
| 燃油的每单位发热量的碳排放系数 | 0.0187 tC/GJ |
| 电的碳排放系数 | 0.000464 $tCO_2$/kW·h |

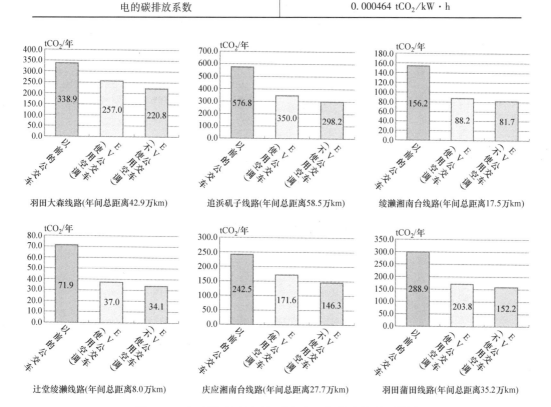

图 3.13　电动低地板全平板公交车二氧化碳的减少效果

### 3.1.5.2　普通用户对各种界面的评价

笔者于 2011 年在共同研究单位三菱综合研究所的网站上征集到 380 名 18 岁以上的试乘者。在庆应湘南台线得到 219 份，蒲田机场线得到 161 份，共计 380 份有效回答。笔者在试乘时分发了调查问卷，并在结束时进行了回收。问题设计和分析方法见表 3.3，结果显示在图 3.14 ~ 图 3.16 上。

380 名有效回答者中，92% 为男性。从年龄来看，从 20 岁到 70 岁都得到了广泛的覆盖。从行业看，从事运输相关业务和电动汽车相关业务的回答者超过了半数。在此次招募中，由于研究期间的关系，加上是通过网站进行的公开招募，因此可以说多数的参加试乘者对线路公交车电动化的关注程度较高。同时，乘原路线的公交车上班或上学、每周往返 5 次以上的回答者约占 30%，每周往返 1 ~ 2 次的约占23%，几乎没有使用过的回答者约占20%。乘坐公交车的理由最多的是"上班、上学"，回答"除了公交车以外没有其他公共交通的情况"和"雨天等天气不好的情况"的人约各占20%。

表3.3  试乘参加者调查的问题设计和分析方法

| | 问题设计 | 分析方法 |
|---|---|---|
| 回答者的特性 | 性别，年龄，通常的交通方式，路线公交车的使用频率，现有的路线公交车的满意度，电动低地板全平板公交车的印象、期待等 | 把握回答者的特征，基于相关特性数据进行交叉统计等 |
| 电动低地板全平板公交车试乘的评价 | 上下车的便利性，乘坐舒适性，环境性能等 | 实际情况与期待状况的差别，分析改善的方向等 |
| 电动低地板全平板公交车选用的条件 | 主要以费用来评价，与一般路线公交相比，选乘电动低地板全平板公交车的条件 | 电动低地板全平板公交车利用者的增减效果分析 |
| 其他 | 自由意见等 | |

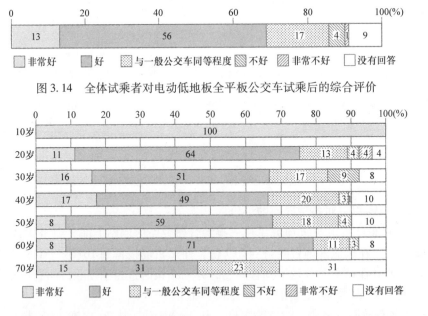

图3.14  全体试乘者对电动低地板全平板公交车试乘后的综合评价

图3.15  试乘者对电动低地板全平板公交车试乘后的综合评价（各年龄段）

对于实际行驶试验，试乘者的总体评价如图3.14～图3.16所示。关于综合评价，全体回答者中回答"非常好"的占13%，"好"的占56%，"与普通公交车差不多"的占17%。另一方面，"差"、"非常差"的合占5%。对2路线的评价结果进行合计的结果，大体上有70%的试乘者对电动低地板全平板公交车的综合性能给予了高度评价。同时从年龄分类及2路线的合计结果来说，各年龄段对电动低地板全平板公交车的综合评价都较高。但是70岁的年龄段的统计结果为"与普通公交车一样"，相比其他年龄段较为明显。对此，笔者听取了他们的具体意见。由于地板下部的电池、逆变器等放置的框架尺寸较大，使得台阶高度稍有增加。本课题的电池的小型轻量化、薄型化有可能解决该问题。

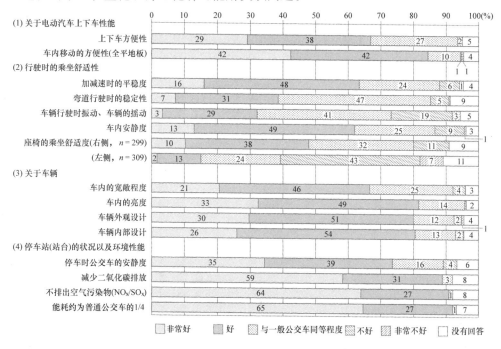

图 3.16　试乘者对电动低地板全平板公交车试乘后的综合评价（各项目）

- 关于电动低地板全平板公交车的上下车性能

特别是关于"车内移动的方便性"，电动低地板全平板公交车的评价很高。由于地板全部平齐没有高度差，与现有的公交车相比，更加便于移动。

- 关于电动低地板全平板公交行驶时的乘坐舒适度

对于"转弯行驶时的稳定性"和"行驶时的振动、车辆摇晃"，超过60%的评价为"与普通线路公交相同程度"或"差"。这点已经被列为今后的改进项目。另一方面，关于"加/减速时的平稳度"和"车内安静度"，回答"非常好"和"好"的超过60%。但也有25%的人回答"与普通线路公交车差不多"，因此有必要进一步钻研电动汽车的性能。

- 关于电动低地板平板公交车的车辆设计

对于"车内亮度""车内外观设计"和"车内设计"，回答"非常好"和"好"的评价超过了80%。"车内宽敞程度"也得到了很高的评价。

- 关于电动低地板全平板客车的环保性能

对于"二氧化碳排放量""大气污染物（$NO_X/SO_X$）排放量"以及"能源消耗量"等环境性能方面，"非常好"和"好"的达到了90%，得到了相当高的评价。

- 市民对电动低地板全平板公交车的使用意向

在试验运行的同时，笔者通过网络对一般市民对于电动低地板全平板公交车的使用意向进行了调查，结果显示，约有50%以上的回答说，当电动低地板全平板公交车普及时，在日常的移动中会从其他交通工具换用到该车。特别是在经常携带行李箱等大件行李的城市—机场线路上，很多市民期待能换为电动全平板公交车。在网络调查中一共得到了1920人的有效回答。电动全平板公交车的引入，利用公交车以外交通转换为使用电动全平板公交车的人群的增加率，特别是对于将目的地延伸到建筑物内时，利用公交车以外交通转换为使用电动全平板公交车的人群的增加率见表3.4。

表3.4 市民对于改乘电动低地板全平板公交车的意愿

| | 路线公交车的利用人数（人） | 其他交通的改乘者 | | 公交车延伸时的改乘者 | | 改乘者合计 | |
|---|---|---|---|---|---|---|---|
| | | 人数（人） | 增加率（倍） | 人数（人） | 增加率（倍） | 人数（人） | 增加率（倍） |
| 购物中心 | 769 | 254 | 1.33 | 259 | 1.34 | 513 | 1.67 |
| 通勤、上学 | 1256 | 113 | 1.09 | 133 | 1.11 | 246 | 1.20 |
| 机场 | 952 | 509 | 1.53 | 138 | 1.14 | 647 | 1.68 |

由于导入了电动全平板公交车，以通勤和上学为目的的利用者增加了9%，购物中心的往返目的的利用者增加了33%，机场往返目的的利用者增加了53%。另外，如果能够有效利用不产生废气和噪声等的电动车辆的特性，实现向各目的地的建筑物内延伸的话，通勤和上学的利用者将增加20%，购物中心的往返目的的利用者将增加67%，机场往返目的的利用者将增加68%。作为引入电动低地板全平板公交车的预测值不仅具有冲击性而且很珍贵。但需要注意的是，上述数值是根据网络调查的回答者的意思做出的推测数值，实际改变行动的人通常比这个值要少。另外，在1920人中，选择改乘电动全平板公交的回答者中约有40%认为电动化带来的价格上涨是可以接受的，也就是说认识到了其经济价值。具体而言，不限于区间及距离，将现行票价大致上调20%～26%是可以认可和接受的。另外，利用电动低地板全平板公交车的无汽车尾气和噪声的特性，向市民展示了公交车延伸到建筑物内部的可能性后，如果可以实现，则允许增加23%～29%的票价费用。将交通手段转变为这种电动低地板全平板公交车时人们的支付意愿之强烈，也说明了全社会对电动低地板全平板公交车导入的高度关注。

### 3.1.6　驾驶员对电动低平地板公交车的评价

笔者以驾驶性能、快速充电系统的操作性等与人机界面相关的项目为中心，对试驾电动全平板公交车的驾驶员进行了评价调查。评价调查的对象为，在 2012 年的实证测试中实际驾驶过电动全平板公交车的 19 名驾驶员（全员都有过超快速充电系统的经验）。实际运行和充电工作结束后，适当地在调查问卷上的每个项目填写评价结果（19 人全部回答）。

神奈川中央交通公司的 4 位驾驶员是路线公交驾驶经验丰富的驾驶员，具有2011 年电动低地板全平板公交车的实证行驶的驾驶经验，除了填写了上述调查记录表外，在 2 路线的实证行驶完成后，另外进行了听证。

驾驶员的评价结果整理后见表 3.5。关于驾驶电动低地板全平板公交车的综合印象，与传统的公交车相比，19 名驾驶员中 3 人评价"非常好"，9 人评价"好"，2 人评价"差不多"，总体评价良好。另外，回答"非常好"和"好"的驾驶员在自由栏中写下的感受中，振动、静肃性、设计布局、行驶性等都有所提高。

表 3.5　驾驶员对于电动低地板全平板公交车的综合评价

| 评价内容 | 评价结果 | 件数 | 比率（%） |
|---|---|---|---|
| 综合印象 | 非常好 | 3 | 15.8 |
| | 好 | 9 | 47.4 |
| | 与原来公交差不多 | 2 | 10.5 |
| | 差 | 0 | 0 |
| | 非常差 | 0 | 0 |
| | 没有回答 | 5 | 26.3 |
| | 合计 | 19 | 100.0 |
| 特别感觉深的有哪些？ | 行走性能 | 8 | 19.0 |
| | 操作性能 | 5 | 11.9 |
| | 安全确认 | 3 | 7.1 |
| | 振动、静肃性 | 11 | 26.2 |
| | 运行时的舒适性 | 4 | 9.5 |
| | 设计、布置 | 7 | 16.7 |
| | 其他 | 4 | 9.6 |
| | 合计 | 42 | 100.0 |

对于在 2011 年的评价结果中作为需要改善的较大课题——转向装置的操作性以及起动时的振动和车辆摇晃，我们在 2012 年之前进行了改进并再次进行了评价。但在 2012 年的评价中，转向系统仍是驾驶方面需要改善的一大课题，并且得出的结论是：转向操纵角设计不够合理。为了实现低地板，采用了 8 个车轮和轮毂电

机，但驾驶员的操作实用性仍有待提高。

同时，在 2012 年的实证运行中，当 1 条线路的运行距离变长时，很多人反映需要特别注意运行中电机温度上升的问题。电机温度上升与距离几乎没有关系，但在坡道起步或转弯时需要功率，温度就会上升。有必要对这一倾向进行抑制并改善。电机温度上升后，方向盘变得沉重，转向恶化，导致不能进行正常的操纵。

总的来说，对于电动全平板公交车的运行评价（行驶性能、操纵性能、安全确认性能、振动及静肃性、舒适性、驾驶席的舒适性、车辆的设计和布局等）得到了很高的评价，整体上的印象良好。总的来说，整体设计性能（包括室内设计和外观设计），以提高安全性为目标的车辆设计等，以及与驾驶员和使用者的居住性相关的设计大都在这次调查评价中得到了好评。但是，为了更好地展示电动低地板全平板公交车的理念而采用的面向后方的紧急出口门，由于使用紧急出口的大多为追尾事故，因此有 3 名驾驶员指出，在这样的追尾事故中，可能发生前门打不开、紧急出口也使用不了的情况。从风险管理的观点来看，需进一步讨论。

另一方面，电机及转向装置等以悬架系统为中心的行驶系统的相关部件也存在多个问题。因此，今后除了在设计方面外，更有必要致力于改善以上述案例为中心的驱动行驶系统。在驾驶员对超快速充电系统的整体评价中，操作装置在改善前评价较差，但改善后评价有所提高（图 3.17）。

图 3.17　电动全平板公交车的运行评价实际场面（2011 年）——在庆应义塾大学的湘南藤泽校区及羽田机场周边的线路、横滨市内的线路等进行了实证运行试验

但是，根据对资深驾驶员的听证评价得知："虽然使用起来很方便，但还是比不上以前的柴油加油作业"。这是由于连接电缆和充电插头又大又重，充电插头插入和取下时的操作非常麻烦，很难移动。但另一方面，很多人反馈，充电作业整体操作顺序很容易理解，没有什么问题。对于充电时间的长短这一点，有的认为比预想的要短，也有的认为花费了一定的时间。这两方面的原因在于，与当初预想的向大型车充电需要较长的时间相比，实际所花时间较短，而与以往的加油作业相比时间还是过长（图 3.18）。此外，关于安全性方面，很多人表示担心触电，提出了怎样确保雨天时的安全问题。

综上所述，总的来说，除了车体设计外，需要对于驱动、行驶系统的性能改善进行研究，笔者将在今后的研究中重视上述的意见，并反映到车辆的改善设计中。

图 3.18　神奈川中央交通公司的驾驶员充电情景及超快速充电器的外观

### 3.1.7　经营者对电动低平板公交车的评价

笔者还请公交运营商的管理层对该车辆进行了评价，结果如下。

● 引入电动低地板全平板公交车时，有必要根据路线和充电时间等来重新研讨运行时刻表的编制。电动低地板全平板公交车的需求应该会增加，但由于续驶里程以及必须充电等原因，也有担心不能够与其他柴油车一样使用。考虑到电动低地板全平板公交车必须采用专用时刻表（需要固定路线和时刻表），因此担心运行的效率。

● 电动低地板全平板公交车的引入不太可能导致使用者的增加。也就是说，电动低地板全平板公交车的引入，很难想象能增加收益。如果车内空间变大，乘车人数增加，那么在乘客多的线路上多少会有一些经营效益。同时，电动低地板全平板公交车专用运行、快速运行等方式可能有提高票价的余地。连接方式的改变对于提高附加值是有益的。

● 充电设施一般认为是公司专用，担心会增加成本。另外，充电设备需要培训管理人员及维护费用等，也是令人担忧的问题。停电时的应对方式也令人担忧，被区域计划停电或发生灾害时基础设施停用时，也会导致业务连续性下降。

以上是综合两家公司的回复和讨论整理而成。公交车使用者和驾驶员的评价在某种程度上得到了认可。另一方面，从经营方面来看，即使知道能降低燃料费用、车身的维修成本能减少一半的情况，也需要以运用和成本为中心进行精密模拟研究。这一点也是该车普及需面对的课题。

### 3.1.8　制造商对电动低平地板公交车的评价

笔者还从厂商那里得到了他们对该车进行的评价，总结如下。

（1）面向量产化的课题和销售价格降低方案等

● 电动低平地板公交车，与通常的公交车及底盘的结构差异很大，因此需要建造与现有普通公交车生产线完全不同的生产线，或利用现有线对所有工装夹具（机械加工时工件固定的夹具等）进行改造。在建设新生产线时，由于要建设新工厂，需要投入数百亿日元规模用于房地产、人工费、原材料费等。如果要制作一套新的工装夹具，则需要数亿至数十亿日元规模的投资。另外，与组装费用相比，零部件中的轮毂电机和锂离子电池等价格较高。仅零部件费用就需要5000万日元左右，因此普及时有必要降低零部件费用。电池的寿命也是个问题，但总体上费用是一个很大的课题。

● 采用集成底盘的电动低地板全平板公交车，零部件数量可能较少，但工作量将增加。因此必须设法使工作量不增加。另外，还需要确保在发生故障时能够充分应对，需要增加维修厂及维修人员。

（2）技术的课题等

● 充电设备的设置的课题。现行的柴油车，只需2min左右就可以加好油，但这次实际试验运行充电需要20～30min，对于拥有大量运行公交车的公司来说，必须配备相当数量的充电设备。这需要地方自治团体进行支援，但也加重了负担。

● 非接触式充电设备在实现实用化之前，确保安全性的课题还很多。但硬件部分现已基本完成，将来有可能实现。对于轮毂电机，如果不进行充分的检查、确认和评价，目前很难导入。如果能在LRT（Light rail transit，轻型轨道交通）一类的线路行驶的话，问题可能较少。但在一般道路上，路面状况会出现各种问题。例如，结冰路面和非结冰路面等不同情况，需根据轮胎的状况对各轮胎进行转矩控制，这相当复杂。在目前状况下，希望改善转弯半径大于12m的驾驶转向性能。

（3）电动低地板全平板公交车的市场前景

● 全平板是社会要求的通用设计中易于现代接受的特征之一。从前到后都是平齐这一点是一大优点。另外，在有效利用零排放和低噪声方面，如果能实现进入室内空间、凌晨、深夜时段能实现运行扩展的话，换乘障碍将会减少，因此可以扩大通用设计的优势。但是，关于进入室内空间这点，由于通常的公共建筑的基础强度可能不足，需要从建筑的角度来进一步进行验证。

● 电动低地板全平板公交车可进入机场内、主题公园内、医疗设施内、商场内。如果是内部空间大的大型电动公交车，则可充分利用其特性用于多为乘客站立乘坐的机场接驳公交车和大学校区内路线公交车。虽然它也适用于急救车、体检车、幼儿园接送车等，但由于市场性较低，优先级也较低。近年来，对BRT（Bus rapid transit，快速公交系统）感兴趣的自治团体和运营者多了起来，他们对该车也感兴趣。但是，不能期待能普及到这些地方。

● 公交车运营商大多经营困难，很难购入初始成本高的公交车车辆。倒是公共经营者有可能引进。业界对2020年东京奥运会各种接送公交车的期待很高，这也许是个机会。

（4）其他

对于公交车运营商来说，不用考虑废气排放是一大优点。要理解和实现这一优点，必须在新结构公交车的生产、确保运营商的盈利性、完善社会基础设施等方面有政策的支持和集中的投入。

总的来说，从燃油发动机公交车生产厂商的立场来看，电动化的转型比较困难，相反，轨道电车制造厂商等较为适应。今后，为了普及电动公交车，有必要摸索寻求与新运营商的合作。

### 3.1.9　未来发展和应用的可能性

笔者在试制开发电动低地板全平板公交车的同时，还向日本全国的公交车营运公司进行了听证调查。基于调查数据，以公交车运营商方面的现实性经营状况为基础，对关于电动全平板公交车普及量产的现实方向性进行了整理。

#### 3.1.9.1　关于电动公交车车辆和运用的普及需求

（1）基于现行线路公交车的电动全平板公交车的需求分析

对于在以前车辆有两台阶的时代，长期采用前门 - 后门方式公交车（图 3.19）的运营商（地方上主流的方式）来说，希望通过电动化恢复前门后门方式的意见显著（14 家运营商中 13 家）。13 家运营商长期采用后门上车、前门下车的方式，掌握了乘客多时乘客站位分布的经验。实际上，如果采用内燃机方式实现无台阶、

图 3.19　过去地方上主流的前门 - 后门车辆

单台阶的话，由于现有技术仍采用后置发动机方式，因此前门 - 后门方式存在一定困难，除了高价格的定制车以外没有销量。运营商方面一直以由行政部门提供购买补助的前门 - 中门方式的日本国土交通省标准规格无台阶车辆为主进行更换。其结果是，在中门的后部发动机舱的地方产生台阶，使乘客不愿在中门后部，造成乘客多时积存现象明显增加。

考虑到有效的运用，长期采用前门 - 后门方式的车辆的运营商方面提出了恢复的需求。如果是集成底盘的电动公交车，由于电机、逆变器、电池等全部存放在地板下，所以可以消除发动机舱等引起的车厢室内的突出现象，也可以实现前门 - 后门的方式。在郊外用车的设计中，有应该特别需要考虑的要素（在本书中，在神奈川县行驶在横滨市内和川崎市内等城市的车是"市内用车"。除此以外的小田原、箱根地区等为主要行驶地区的车辆，定义为"郊外用车"）。对于郊外用车，基本上乘车时间也变长，充分利用集成底盘的结构独特的宽敞空间，可尽可能多地

增加座位。

另一方面，对于主要采用前门－中门车型（图 3.20）的 13 家运营商来说（主要以城市为行车区域的运营商）将从前的前门－中门为主的车辆尽可能将座位数量减少到不会引起乘客不满的程度，尽可能多地增加站席空间的内部设计，体现出了对电动全平板公交车的需求。从上述两种类型来看，应该把大型车辆作为普及的主要车种。

图 3.20　城市主流的前门－中门车辆

（2）电动公交车的需要的续驶里程

日本全国几乎所有的公交运营商（27 家运营商中有 26 家运营商）表示，由于交通堵塞，无法在驾驶员休息时间（50～60min 的较长休息时间）充好电的情况是引进电动全平板汽车的一大隐患。27 家营运商的需求是，无论是市内用车还是郊外用车，在空调、辅助设备、语音设备等全部使用的前提下，充电一次需确保行驶 200km 才能满足大型车辆 1 天的运行要求。这也是今后的电动全平板公交车的设计要素。不过，对于北海道和冲绳县这些废除了铁路，用中长距离公交车来代替的地区来说，需要 1 次充电行驶距离为 300km 左右的城际车辆。在北海道和冲绳县等冷暖气使用量比通常多的地区，电池的装载量有必要提高 1.2～1.3 倍。

（3）电动客车所需的尺寸、价格等需求

日本全国 27 家路线公交运营商中的 25 家运营商（不分城市、郊区）都认为，随着道路情况改善的推进，为应对乘客突然增多的大型车辆的需求今后将会增加，今后的事业发展与车辆的尺寸会相关联。另一方面，由于中型车辆容纳人数处于"中间的半吊子"，而"大兼中"可以兼顾道路环境方面和乘客容纳方面的需求，因此 25 家运营商认为，中型车辆在今后开展业务的需求是有限的。与大型车辆同样，运营商方面对用于社区公交车的小型车辆也有需求。对于住宅小区等的狭小道路等车辆，全 27 家运营商中 23 家运营商表示出与大型车辆同样的小型车辆电动化的需求。23 家运营商表示，由于小型电动公交车的静音化及排放低，可以为住宅小区提供凌晨、深夜的新服务（目前凌晨、深夜不可运行），并对新业务抱有期待。

（4）运营商对电动公交车普及的其他需求

在普及电动全平板公交车方面，运营商还提出了以下需求。

● 为了缓解车库充电时的道路拥挤，应在车的左、右两侧设置充电口。

● 由于雇用高龄者及残疾人来进行加油、充电工作的情况在增加，因此充电用的通用接口设计应保证不易出错。

● 由于电池及电机使得下部较重，即使将车身从钢铁换成轻量铝等，驾驶员还是希望将容易磨损的车辆前后悬架恢复到传统的钢制产品。

根据上述调查结果显示，面向电动全平板公交车的普及，基于运营商经营的现实性，将会以大型车辆和小型车辆为中心展开。以此为前提，还对运营商提问了在大型电动全平板公交车和小型电动全平板公交车量产和普及时初始成本的最大支付意向金额（即商家负担金额）。调查结果显示，27 家运营商普遍认为，只要与目前的新车辆运营负担相当的话就可以购买。大型和小型车的最大支付意向金额分别为平均 2360 万日元和 1280 万日元。建设能够将运营商负担的初始成本部分维持在上述水平的社会环境，对于电动全平板公交车的普及至关重要。

另外，在普及电动全平板公交车时，27 家企业中有 25 家企业希望由在碰撞安全性方面拥有高水平积累的现有客车车身制造厂商来制造车身。底盘部分（集成底盘）没有特别的要求，但 23 家企业希望与电动汽车技术方面相融的轨道电车制造企业、家电制造企业等参与到制造中，促进电池技术、驱动系统技术质的提高及价格下降。

从运营商的听证活动，了解到运营这样的公交车的运营商对于普及电动全平板公交车的需求。上述信息是以后普及车型工作中所需考虑的要素。

### 3.1.9.2 市民对电动全平板公交车的需求

笔者通过日本全国的公交企业的听证调查了解到，采用集成底盘技术的电动全平板公交车，由于融合了环保设计和通用设计等有用的车辆技术，引起了公交事业参与者极大的期待。接着，通过问卷调查的方式，向普通市民询问了对使用集成底盘的独特的大空间和可以使用丰富电力的新服务电动公交车的需求。与运营商的调查一样，庆应义塾大学对北海道、东京都、兵库县、福冈县（以上的都道县是对城市区域运营商进行调查），新潟县、静冈县、香川县、山口县、冲绳县（以上的县是对郊外区域运营商进行调查）的普通市民各 24 名，共 216 名市民发放问卷进行了调查。各都道县的 24 人由 20 多岁、30 多岁、40 多岁、50 多岁、60 多岁、70 多岁的 6 个年龄段的男、女各 2 名组成，回收问卷得到了全部 216 人的有效回答。这是委托居住在上述各地区的笔者的友人（全部熟知问卷调查的研究人员）进行调查合作，向符合上述年龄、性别的 24 名普通市民发放问卷而获得的数据。调查人员向市民说明了集成底盘技术和效果，并要求他们做出回答。提问内容除年龄和性别外，限定为"现有线路公交的课题和希望通过电动全平板公交车实现的服务"。

从市民的需求来看，在日本全国范围内确保放置行李空间的需求最多。城市内的特别需求是希望能"取电""设置宽大座椅""设置桌面"，即使时间短，也希望在车内的时间内进行商务活动（20~40 岁的意向性很强），见表 3.6。另一方面，在郊外区域，由于人们希望在乘坐公交车前后能使用自行车，因此不论哪个年龄段都希望有确保自行车放置的专用空间。另外，由于长时间乘车，希望能确保儿童用空间的想法在郊外区域 30 多岁拥有幼儿的人群较多见。关于座位数，由于与城市公交车的座位数相比，通常已经较多，所以增加座位数的要求较少（表3.7）。

上述关于车内布置方面的市民需求，在以集成底盘技术为前提的电动全平板公交车的普及过程中，很重要的是在设计中加以考虑，并在今后加以实现。

**表3.6　电动全平板公交车希望实现的项目**（城市区域）

| | 20岁 | 30岁 | 40岁 | 50岁 | 60岁 | 70岁 | 合计 |
|---|---|---|---|---|---|---|---|
| 放置行李的空间 | 6 | 5 | 9 | 8 | 9 | 9 | 46 |
| 能取电 | 8 | 3 | 6 | 1 | 0 | 0 | 18 |
| 宽大座椅 | 1 | 3 | 3 | 4 | 4 | 3 | 18 |
| 有桌子 | 5 | 5 | 3 | 3 | 1 | 1 | 18 |
| 放置自行车的空间 | 1 | 3 | 3 | 2 | 3 | 6 | 18 |
| 增加座位 | 1 | 3 | 2 | 4 | 0 | 3 | 13 |
| 小孩用空间 | 4 | 4 | 0 | 0 | 0 | 0 | 8 |
| 站立空间扩大 | 2 | 1 | 1 | 0 | 0 | 0 | 4 |
| 地板加热 | 0 | 0 | 1 | 0 | 0 | 0 | 1 |
| 轮椅空间扩大 | 0 | 0 | 0 | 0 | 0 | 0 | 0 |
| 冰箱 | 0 | 0 | 0 | 0 | 0 | 0 | 0 |
| 按摩椅 | 0 | 0 | 0 | 0 | 0 | 0 | 0 |

注：有效回答36人，可以多选。

**表3.7　电动全平板公交车希望实现的项目**（郊外区域）

| | 20岁 | 30岁 | 40岁 | 50岁 | 60岁 | 70岁 | 合计 |
|---|---|---|---|---|---|---|---|
| 放置行李的空间 | 11 | 8 | 9 | 10 | 10 | 17 | 65 |
| 放置自行车的空间 | 8 | 7 | 10 | 10 | 3 | 6 | 44 |
| 小孩用空间 | 3 | 9 | 2 | 2 | 0 | 1 | 17 |
| 能取电 | 3 | 7 | 3 | 1 | 1 | 0 | 15 |
| 宽大座椅 | 0 | 0 | 3 | 3 | 4 | 2 | 12 |
| 增加座位 | 1 | 1 | 2 | 2 | 2 | 1 | 9 |
| 有桌子 | 5 | 1 | 0 | 1 | 0 | 0 | 7 |
| 轮椅空间扩大 | 0 | 1 | 0 | 0 | 0 | 1 | 2 |
| 冰箱 | 0 | 0 | 0 | 1 | 1 | 0 | 2 |
| 站立空间扩大 | 0 | 1 | 0 | 0 | 0 | 0 | 1 |
| 地板加热 | 0 | 0 | 1 | 0 | 0 | 0 | 1 |
| 按摩椅 | 0 | 0 | 1 | 0 | 0 | 0 | 1 |

### 3.1.9.3　社会需求高的电动公交车的类型和设计

将上述各调查成果进行归类，提出了将来有望在社会上普及的电动公交车的规格。基于对公交运营商的听证调查成果以及希望在电动全平板公交车上实现的有关服务的市民调查结果，对早期有必要普及的电动全平板公交车的车型进行了研究并将其图像化。将图像化的结果和市民需求反馈给协助本研究的日本全国 27 家运营商，得到最终的业者评价并对方案进行总结。

（1）需要早期普及的电动全平板公交车模型 1——城市用电动车（前门 – 中门式，运营商负担 2360 万日元）

- 1 次充电的可能续驶里程 200km（包含空调、语音设备、各种辅助设备的电量）。

- 尽量减少座位，最大限度地确保站席空间宽敞，以便于应对乘客较多的情况。通过设置若干行李空间，满足市民的需求。

普及模型在满足行李空间、宽大座椅、桌子等大空间为前提的用户需求基础上，能够实现全平板的集成底盘电动大型无台阶公交车才是有效的。在轮椅的位置下部确保福祉设备用电源，有效融合通用设计及环保设计、能够充分利用宽敞空间的车型有可能在城市区域得到实现。

（2）需要早期普及的电动全平板公交车模型 2——郊外用大型车（前门 – 后门式，运营商负担 2360 万日元）

- 1 次充电的可能续驶里程 200km（包含空调、语音设备、各种辅助设备的电量）。

- 尽量增加座位，减少站席空间，考虑用于长时间出行使用。

- 确保行李用空间，自行车专用空间采用座位可折叠式设计，以满足需求。

关于郊外区域的使用，在此次的需求调查中很多公交车运营商要求恢复以前一直使用的前门 – 后门车型。在后置发动机式的无台阶公交车中，由于发动机的存在，前门 – 后门方式实际上是不可能实现了。但是，在有限的数量上有可能实现的观点来看，认为恢复前门 – 后门车型比前门 – 中门车辆更好的运营商较多，长期使用的乘客也较为熟悉，笔者结合集成底盘的特性，设计了郊外型普及型车辆。在车内设计方面，将车辆前半部分的座椅分为两列，使行李空间、自行车空间和儿童空间等根据路线特性进行增加，采用可选对应方式来实现。

（3）需要早期普及的电动全平板公交车模型 3——小型电动汽车（前门 – 中门式，运营商负担 1280 万日元）

- 1 次充电的续驶里程 150km（包含空调、语音、各种辅助设备的电量）。

- 在车内尽量增加座位，减少立席空间，考虑到老年人使用较多。

- 通过采用长条座位，将辅助类设备设置在座位下，尽可能增加座位。

在此次的运营商调查中，确定了今后公交车车辆需求将分为大型和小型两种，在运力方面"中间半吊子"的中型车辆将会被淘汰。于是除了上面两种大型车辆外，需要便于老年人和残疾人士使用的，能够解除地域不便的社区公交车。这类小型电动全平板公交车的车型可以放置一辆轮椅，在社区的行驶可为住宅区的环保设计和通用设计做出贡献。

### 3.1.10　小结

如上所述，笔者从跨学科的广阔视角出发，对此次试制的电动低地板全平板公交车进行了验证和评价，进行了普及战略的综合研究。2009年以后，经过2年的试制和3年的试运行评价，获得了很多关于电动低地板全平板这种以往没有的车型融入社会的提示。由于采用了以往没有的方式，所以在费用方面仍有顾虑，但另一方面，从人机交互的角度来看，对使用者和驾驶员好处较大。今后，为了能够将这一优点发扬光大，使其作为环保设计与通用设计相融合、具有高服务满足度、能够成为普及公共交通行业的车型，我们将更加努力开展研究活动。特别是通过大型、中型、小型集成底盘开发，能够形成各种各样融合了环保设计＋通用设计的公交车车型，就如同轨道电车设计一样，将其优点分享到国际上，使其成为世界标准。

## 3.2　以室内（如医院）为使用环境的单人电动无人驾驶车辆

### 3.2.1　医院内移动困难的老年人/残疾人

笔者在庆应义塾大学担任医学部教员的时候，经常听到高龄患者和残障患者抱怨"为什么在医院里移动这么难呀"。这个问题并不是新出现的，也并不仅仅是当时庆应义塾大学医院的问题。我们以庆应义塾大学医院（具有首都圈大规模医院的性质）为例，就患者在医院内的移动情况进行了调查。另外，此次实际调查是在2012年至2013年进行的。

我们根据庆应义塾大学医院的伦理审查结果，调查了门诊患者的移动情况。结果是一次门诊需要在医院内移动6.0次，移动距离合计为286m。另外，移动方式如图3.21所示，明显表明老年人和残疾人仅靠自己进行移动的困难（例如：门诊挂号→X光挂号→X光检查室①→X光检查室②→门诊费计算→支付→大厅，此例中共移动了6次，移动距离315m）。

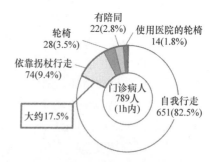

图3.21　来医院门诊时的移动方式——庆应义塾大学医院1天的门诊患者约3000人，其中70岁以上的老年患者占35%左右

如上所述，医院内的移动对老年人和残疾人来说是很大的负担，从日本全国范围来看，还留有不少旧医院，有必要采取相关手段减少移动所带来的困难。

## 3.2.2　护理人员援助移动负担的增大

为了了解护理人员在平时移动过程中所感受到的问题，我们对医院里涉及支援移动的护理人员进行了访问。经过伦理审查，笔者于 2012 年在庆应义塾大学医院进行了实际调查。

在 2012 年 11 月 8—11 月 20 日期间，笔者在获得对院内职员进行调查许可的情况下，在庆应义塾大学医院中，根据职业种类的人口比例发放了共计 800 份问卷。在问卷的前言里，对于在医院内为了实现提升业务效率和减轻劳动负担，怎样改善"搬运病人""搬运货物""自己移动""货物的保管与管理"等这些人或物移动的课题点进行了说明（图 3.22）。在此基础上，医院的各种职员对于上面 4 个场景中在移动、物流以及交流等方面存在的问题和技术需求进行了填写。以本调查结果为基础，希望为了实现医院内的可移动性水平的提高，能够将有效的人和物品用输送工具的试制开发和量产普及的概念具体化。这次共获得 545 份的有效问卷（有效回答率 68.1%），说明院内对该问题的关心很高。其中护士人员 275 份（占全部有效回答者的 51%），医生 106 份（占 19%），技师人员 79 份（占 15%），事务人员 45 份（占 8%），没有回答 40 份（占 7%）。

门诊情景　　　　　　　　利用医院的轮椅移动

拄着拐杖行走　　　　　　拄着拐杖行走

用轮椅搬送　　　　　　　用病床搬送

图 3.22　在医院内移动存在各种问题

在全体有效回答者中，年龄最小的为 19 岁，最大的为 68 岁，平均年龄为 37.48 岁。关于性别比例，男性 140 人，女性 356 人，没有回答的有 49 人。关于上述属性，与整个集团的人员结构没有太大的偏差。另外，在本调查的实施过程中，得到了庆应义塾大学医院伦理审查委员教授、医院院长、医院副院长、事务局长的许可，是在确认不存在伦理问题的情况下进行的调查。

### 3.2.2.1 业务流程改善的优先级

对 A"搬运病人"、B"搬运货物"、C"自身移动"、D"货物的保管与管理"这 4 个项目赋予优先等级，排名第一位 4 分，第二位 3 分，第三位 2 分，第四位 1 分，并对每个项目分别进行了统计积分。由此可以表明，总体上庆应义塾大学医院应该按照 A、B、C、D 的顺序来进行改善需求高的项目（没有回答的项目作为放弃回答，作零分处理）。图 3.23 所示为庆应义塾大学医院调查的全体结果，图 3.24 所示为分类的结果。

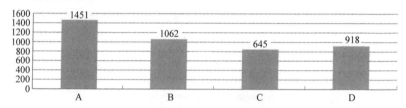

图 3.23　业务流程改善优先顺序（庆应义塾大学医院全体）

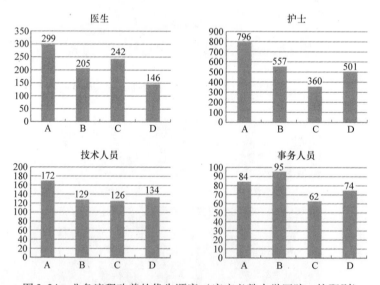

图 3.24　业务流程改善的优先顺序（庆应义塾大学医院：按职别）

基于以上的结果，我们以提高医院内的服务满意度为目的，设定了图 3.25 所示的移动方案，并对此开展研究。

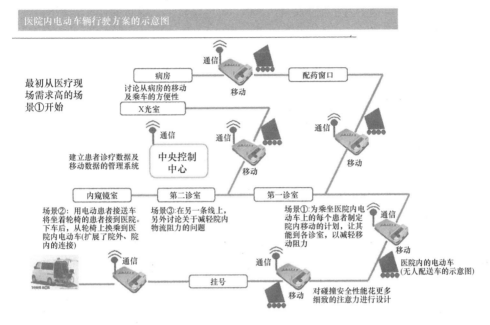

图 3.25 提高医院移动性的方案

### 3.2.2.2 运送患者的工作实态

在庆应义塾大学医院全体人员中，1 天搬运患者 1 次以下的有 189 人，2～5 次的有 162 人，6～9 次的有 47 人，10 次以上的有 69 人（只统计与该业务相关的有效回答者）。另外，单程 1 次的平均搬运时间为 7.78min。患者运送的次数越多，用于护理的时间就越少。

庆应义塾大学医院的患者搬运模式、问题点以及改善需求分别见表 3.8～表 3.10。搬运患者时特别重要的改善点是"移动路线分离和确保其安全性"占第 1 位（83 票），"病床及轮椅的自助化"第 2 位（59 票），"担架的自助化"第 4 位（24 票），"病床及轮椅的遥控化"第 5 位（16 票），以及"一个人能搬运多台轮椅"第 5 位（16 票）等，导入患者搬运设备的新功能，真正实现降低搬运工作负担的需求很高。

表 3.8 患者搬运最多的模式

| 患者的搬运区间 | 医生 | 护理人员 | 技师 | 事务人员 | 行合计 |
| --- | --- | --- | --- | --- | --- |
| 住院部—检查室 | 28 | 64 | 16 | 2 | 110 |
| 病床—卫生间 | 0 | 79 | 0 | 0 | 79 |
| 住院部—手术室 | 21 | 21 | 0 | 0 | 42 |
| 住院部内部移动 | 1 | 21 | 2 | 0 | 24 |
| 诊室内的移动 | 9 | 8 | 5 | 0 | 22 |
| 手术室内的移动 | 2 | 18 | 0 | 0 | 20 |

（续）

| 患者的搬运区间 | 医生 | 护理人员 | 技师 | 事务人员 | 行合计 |
|---|---|---|---|---|---|
| 住院部—诊室 | 7 | 12 | 0 | 0 | 19 |
| 诊室—检查室 | 0 | 11 | 3 | 1 | 15 |
| 检查室内的移动 | 1 | 6 | 4 | 0 | 11 |
| 诊室—处置室 | 0 | 8 | 0 | 0 | 8 |
| 住院部—别的住院部 | 2 | 4 | 0 | 0 | 6 |
| 入口—诊室 | 0 | 0 | 2 | 2 | 4 |
| 诊室—缴费窗口 | 0 | 3 | 0 | 0 | 3 |
| 住院部—浴室 | 0 | 2 | 0 | 0 | 2 |
| 病房内移动 | 0 | 2 | 0 | 0 | 2 |
| 处置室—检查室 | 0 | 2 | 0 | 0 | 2 |
| 检查室—缴费窗口 | 0 | 2 | 0 | 0 | 2 |
| 药剂部—检查室 | 0 | 0 | 1 | 0 | 1 |
| 住院部—缴费窗口 | 0 | 1 | 0 | 0 | 1 |
| 挂号—住院部 | 0 | 1 | 0 | 0 | 1 |
| 检查室—恢复室 | 0 | 1 | 0 | 0 | 1 |
| 门诊内移动 | 0 | 1 | 0 | 0 | 1 |
| 列合计 | 71 | 267 | 33 | 5 | 376 |

### 表3.9 患者搬运时的问题点

| 患者搬运时的问题点 | 医生 | 护理人员 | 技师 | 事务人员 | 行合计 |
|---|---|---|---|---|---|
| 等待电梯的时间长 | 23 | 62 | 5 | 1 | 91 |
| 搬运的路线没有分开 | 17 | 53 | 7 | 0 | 77 |
| 电梯窄小不方便搬运 | 2 | 20 | 3 | 1 | 26 |
| 搬运患者人手不足 | 4 | 19 | 3 | 0 | 26 |
| 轮椅操作时费力 | 1 | 20 | 2 | 2 | 25 |
| 房间窄小不方便移动 | 3 | 20 | 0 | 0 | 23 |
| 没有特别不方便的情况 | 3 | 9 | 2 | 0 | 14 |
| 病床搬运费力费时 | 3 | 9 | 0 | 0 | 12 |
| 卫生间窄小移动困难 | 0 | 11 | 0 | 0 | 11 |
| 搬运患者时的重量 | 0 | 9 | 1 | 0 | 10 |
| 应对输液困难 | 2 | 4 | 4 | 0 | 10 |
| 担架太大 | 3 | 4 | 0 | 0 | 7 |
| 坡道妨碍搬运 | 1 | 5 | 0 | 0 | 6 |
| 卫生间远移动困难 | 0 | 4 | 0 | 0 | 4 |
| 病房到检查室距离长 | 1 | 3 | 0 | 0 | 4 |
| 腰疼等慢性病的烦恼 | 0 | 1 | 1 | 0 | 2 |
| 移动负担使得诊疗停滞不前 | 1 | 0 | 0 | 0 | 1 |

（续）

| 患者搬运时的问题点 | 医生 | 护理人员 | 技师 | 事务人员 | 行合计 |
|---|---|---|---|---|---|
| 需顾及患者不跌倒 | 0 | 0 | 1 | 0 | 1 |
| 残障者的卫生间数少 | 0 | 1 | 0 | 0 | 1 |
| 房门窄小且重 | 1 | 0 | 0 | 0 | 1 |
| 应对心情烦躁的人困难 | 0 | 1 | 0 | 0 | 1 |
| 列合计 | 65 | 255 | 29 | 4 | 353 |

表 3.10 患者搬运的需求

| 患者搬运时的需求 | 医生 | 护理人员 | 技师 | 事务人员 | 行合计 |
|---|---|---|---|---|---|
| 移动路线分离和确保其安全性 | 13 | 58 | 10 | 2 | 83 |
| 病床和轮椅的自助化 | 21 | 33 | 5 | 0 | 59 |
| 增加宽大的电梯数 | 32 | 20 | 2 | 0 | 54 |
| 担架的自助化 | 4 | 15 | 3 | 2 | 24 |
| 病床及轮椅的遥控化 | 8 | 7 | 1 | 0 | 16 |
| 一个人能搬运多台轮椅 | 1 | 10 | 4 | 1 | 16 |
| 轮椅的协助功能 | 3 | 9 | 3 | 1 | 16 |
| 通过增加人手来对应 | 3 | 6 | 2 | 2 | 13 |
| 考虑输液移动的帮助器械 | 1 | 6 | 4 | 0 | 11 |
| 没有什么需要特别改善的事项 | 3 | 7 | 0 | 0 | 10 |
| 病床移乘时的帮助器械的准备 | 2 | 6 | 0 | 0 | 8 |
| 病房更大些便于移动 | 2 | 1 | 1 | 0 | 4 |
| 激活患者自身能力的移动器械 | 0 | 1 | 2 | 0 | 3 |
| 减少台阶斜坡 | 0 | 2 | 0 | 1 | 3 |
| 可以自动运行的下一代病床 | 0 | 2 | 0 | 0 | 2 |
| 病床可以用无线遥控进行移动 | 0 | 1 | 0 | 0 | 1 |
| 病床移动帮助装置 | 0 | 1 | 0 | 0 | 1 |
| 最好能将病床等地图化 | 0 | 1 | 0 | 0 | 1 |
| 可以安装各种器械的新式病床 | 0 | 1 | 0 | 0 | 1 |
| 搬运可以自动进行 | 1 | 0 | 0 | 0 | 1 |
| 希望卫生间更宽敞 | 0 | 1 | 0 | 0 | 1 |
| 全体能无障碍 | 0 | 1 | 0 | 0 | 1 |
| 预约能一体化管理的系统 | 1 | 0 | 0 | 0 | 1 |
| 列合计 | 95 | 189 | 37 | 9 | 330 |

　　为了创造可移动性的环境，但同时避免基础设施建设带来高额的经营负担，笔者这次将有效利用所拥有的电动车辆、自动驾驶技术及远程操纵等，以较低廉的价

格，通过推进可以降低二氧化碳和噪声的设备方面的环境改善，作为研究的前提条件。

因此，在医院内通过支援院内的人和物的搬运，达到减轻护理人员和患者负担的目的，实现护理环境的改善。总的来说，患者搬运工作方面的改善需求最高，因而研究在该前提下进行，特别是病床、轮椅、担架等患者搬运设备的辅助功能、遥控操作支援以及实现自动驾驶等方面的需求较高。

另外，根据问卷调查的结果，还开展了包容性设计研讨（图3.26）。同平时与患者搬运业务相关的医生和护士一起，重新讨论了患者搬运过程中必要的装置，并将其实现的方向性整理如下。

图3.26　医生及护士一起研讨包容性设计的情景

1）What/ Which（需要解决什么问题）：帮助减轻病床及轮椅的移动负担。

2）Who（谁使用）：医生、护士及技师在运送所服务的患者时使用。

3）When（何时使用）：不受时间限制，全体护理提供者可自由使用。

4）Where（在哪里使用）：主要在病房、检查室、手术室及诊疗室的区间使用。

5）How（如何帮助减轻负担）：有的建议应该采用自动运行及远程操控，也有的觉得需要根据患者的搬运情况的重要性，来决定是否采用其中的远程操控、无线电操控或人员搬运等方式。关于这一点，我们在充分尊重现场得到的意见的基础上，综合考虑减轻医院工作人员的负担以及将来医院的运营效率（人工费用的削减效果等），认为试制具有自动驾驶功能的患者搬运支援设备是适用的。

### 3.2.3 试制概要：自动驾驶技术与电动汽车技术的融合

关于庆应义塾大学医院需求最多的"搬运患者设备"，参考上述包容性设计研讨等的定性调查结果，试制了具有自动运行功能的搬运设备，将来能够使护士等提供护理的人员大大减轻体力上、心理上的负担（图 3.27）。同时考虑未来的医院外的应用需求，例如在火车站、机场内或购物中心等地搬运老年人和残障者等。在本次的开发中：①采用电动驱动方式、可以不考虑汽车排放和噪声、能够在建筑物内使用的环保设计；②赋予与电动汽车技术亲和力较高的自动驾驶功能，这样就能保证无论被搬运者是否残疾，该通用性设计能将其送到显示器设定的目的地；③采用电动驱动，零部件的数量减少，减轻了车辆管理人员在维修保养方面的负担。另外，根据医院工作人员的需求，对这次试制车辆的组成、各部分的概念设定如下。

1）整体构成：与人共存，将与人方便的操作性确定为主要课题。具有像家电一样的易懂显示，以及使得机器操作使用界面水平有具体的提高。

2）安全单元：致力于确保搭乘者和周围人的同等安全。具体而言，在充分利用激光传感器技术的同时，可顺利对障碍物进行检测等。

3）车载终端单元：通过易懂的画面显示和远程应答功能，确保安全安心感的实现和提高。设想护士可以在远程应答的情况进行操作。

4）搭乘单元：以确保上下车时的安全及舒适的乘坐性能为目标来构建安全性高的结构。尽量让更多的老人和残疾人方便乘坐。

5）驱动单元：实现稳定的行驶操纵性能，既能长时间运行，又保证充电简单，提高系统的可靠性。在生态设计的基础上保证高的运行效率。

6）控制/通信单元：实现稳定的行车诱导性能，能适应医院环境的独特的通信系统。确保通信可靠性，能够避免因故障造成的停运。

7）车架单元：考虑维护保养的需要，采用轻量结构，在材质上也便于维修。同时在试制时考虑能够降低运行成本。

8）内部设计：采用彩色的信息显示，便于看到。设计中同时考虑满足舒适性和清扫性，在显示器的画面上可以进行信息的操作和收集。

9）外部设计：外观简单具有整洁的印象，给予开放感，提高通用性。患者在乘车时也能感到空间的高舒适性。

此次试制的带有自动驾驶功能的电动患者搬运车如图 3.28 所示。图 3.29 表示车辆的尺寸。搬运车的主要参数整理如下：车长 = 1000mm；车宽 = 700mm；车高 = 全高 1930mm（车辆部分 1120mm）；重量 = 1001kg；轴距 = 555mm；轮距 = 470mm；驱动电机 = 100W×2 个；可行驶台阶高 = 10mm；可行驶沟槽宽度 = 30mm；可连

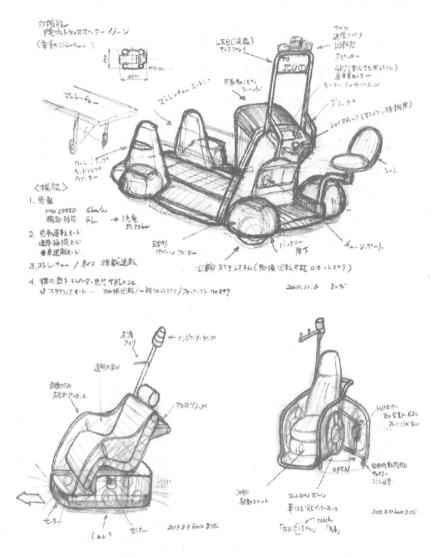

图 3.27　患者搬运车辆的构思草图及概念构筑的过程（作者：松田笃志）

续行驶时间 =4h（每充电一次）。

　　此外，按照图 3.30 所示设置了安全功能，还设置了检测医院内周围的人及其他残障物体的传感器等。

　　图 3.31 所示是基于实体模型的自动患者搬运车辆设计的讨论状况。坐在车上的就是笔者本人，通过各种具有不同身体特征的人来乘车体验，基于实体模型的讨论研究来进行产品开发。图 3.32 所示是自动患者搬运车辆的使用场景。只要用座椅右侧设置的显示器设置一下想去的地方，该车就能自行运行，包括可以通过电梯

图 3.28 此次试制的带有自动驾驶功能的电动患者搬运车（完成时的图像）

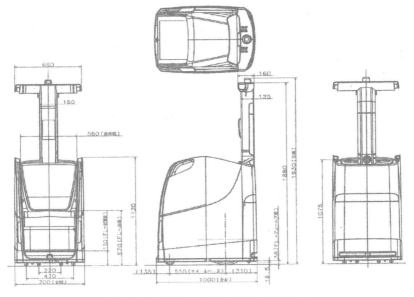

图 3.29 试制的电动患者搬运车的尺寸

垂直移动。当搬运车靠近电梯时，电梯切换到搬运车的专用模式。对于护理人员负担较大的垂直移动的减负效果非常显著，医院工作人员的评价很高。

如图 3.33 所示，此次庆应义塾大学在丰田自动织机公司的合作支持下，试制了两辆自动患者搬运车。据此，还对庆应义塾大学医院内能否实现两辆搬运车的交错行驶进行了验证和评价。交错行驶基本上没有问题，并进行了更加接近实用形式的行车试验。图 3.34 所示是自动患者搬运车的行驶系统，图 3.35 是患者搬运车在试验时运行的场景。另外，图 3.36 是便于设置想去地方的显示器的画面。这些都是模仿庆应义塾大学医院内的试运行而设置的情景。同样可以将医院内的其他行走环境进行定制后进行运行。

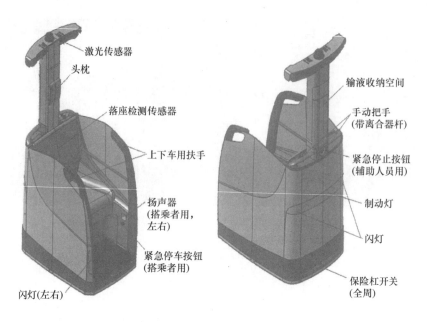

图 3.30　试制车辆的安全对策概要

图 3.31　基于实体模型的自动患者搬运车设计的讨论状况

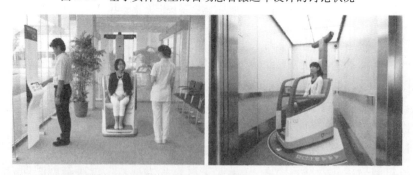

图 3.32　自动患者搬运车的使用——如果设置了想去的地方，甚至可以通过电梯垂直移动，当搬运车靠近电梯时，电梯切换到搬运车的专用模式，对于护理人员负担较大的垂直移动的减负效果非常显著

图 3.33　试制的两辆自动患者搬运车—— 由庆应义塾大学与
丰田自动织布机公司合作制作，还对在应义塾大学医院内能否
实现两辆车的交错行驶进行了验证和评价

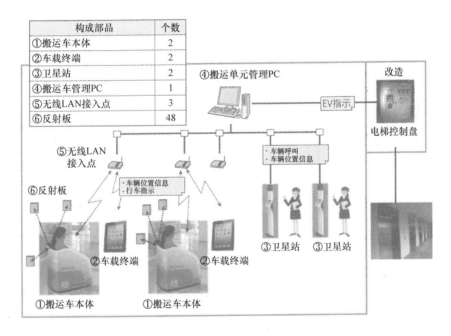

图 3.34　自动患者搬运车的行驶系统（庆应义塾大学医院的运行实例）

　　图 3.37 显示的是呼叫自动患者搬运车的站点（卫星站），和设置想去的地方
而配备的发送给车辆信号的显示器。在医院内设置了站点并进行试运行，图 3.38
显示的是站点（卫星站）内显示器的画面。

**51**

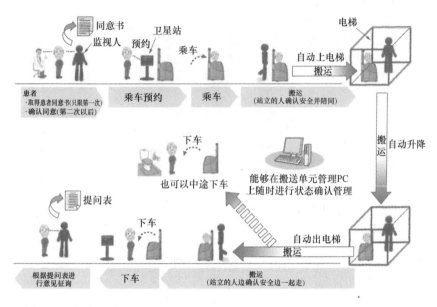

图 3.35　患者移动时搬运车的试验运营的场景（庆应义塾大学医院的实例）

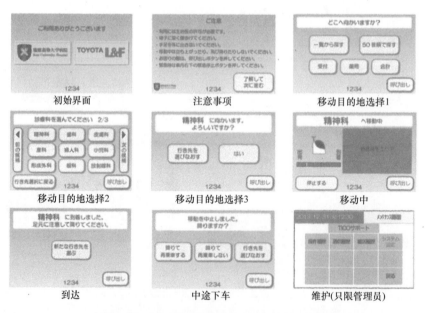

图 3.36　便于设置想去地方的显示器的画面

　　图 3.39 是由护理人员来确认的自动患者搬运车的 PC 监控显示器的画面变化。通过这种方法，可保证患者的安心、安全。图 3.40 是自动患者搬运车试运行时电梯的运用状况。通过认真检查搬运车本身的动向，不断讨论整理，进行系统的试制，实现患者安全和安心放在首位的设计理念。

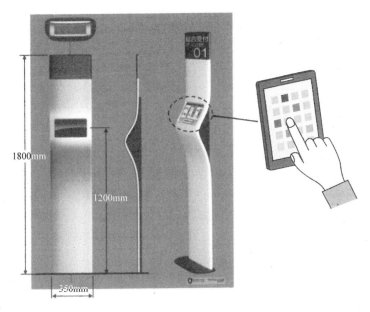

图 3.37　自动患者搬运车的呼叫站点（卫星站）的显示器——在
医院内设置了车站并进行试运行，为了设置想去的地方，配备的
发送给车辆信号的显示器

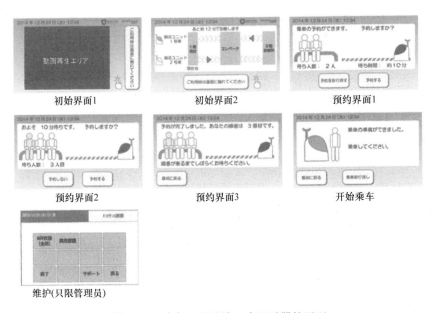

图 3.38　站点（卫星站）内显示器的画面

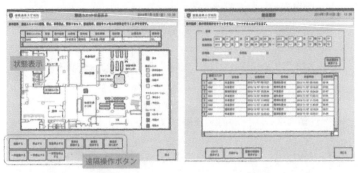

状态显示和远程操作                    搬运记录

异常显示                        工作人员交流时的对话画面

图 3.39    由护理人员来确认的自动患者搬运车的 PC 监控显示器的画面

### 3.2.4    自动患者搬运车的验证与患者评价

　　为了获得医院内作为患者自动移动手段的支援系统实用化的必要知识，笔者以患者和医疗人员为对象进行了试运行评价。具体而言，以下列 3 点为目标进行评价调查，考察搬运车辆的有效性：①与医院内的人能够共存的安全技术；②凝练出正式投产所面临的技术课题；③整理出正式普及所面临的战略知识。

　　调查时间为 2014 年 7 月 28 日—10 月 10 日。经过庆应义塾大学医学部研究伦理审查委员会的审查，除去上午拥挤的门诊时间，按以下时间段进行了评价。

　　• 步骤 1：7 月 28 日—8 月 1 日 14：30—18：30，1 辆运行，从试验性观点仅以医务人员为试乘对象。

　　• 步骤 2：8 月 4 日—8 月 29 日 14：30—18：30，1 辆运行，患者和医务人员双方作为试乘对象。

　　• 步骤 3：9 月 1 日—9 月 19 日 12：00—18：30，1 辆运行，患者和医务人员双方作为试乘对象。

　　• 步骤 4：9 月 22 日—10 月 10 日 12：00—18：30，2 辆运行，患者和医务人员

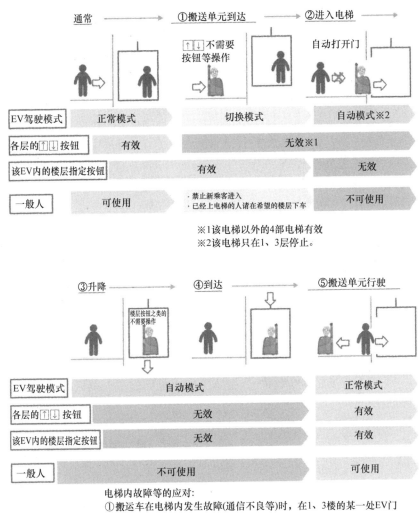

图 3.40　自动患者搬运车试运行时电梯的运用状况

双方作为试乘对象。在该步骤，目标是观察试制的两辆车的交错运行是否顺利。

乘车区间限定在医院入口附近到 3 楼门诊的诊室前（图 3.41）。将不能看到的路线系统化，有效使用上述装置进行追踪固定位置，采用设置区间的方式。

最终搭乘人数总计到达了 336 人，其中患者 288 人，医务人员（医生、护士、事务人员等）48 人。对于参加协助试验的患者，需持主治医生的搭乘许可卡，并且仅限于本人希望试乘的人员。对于参加协助试验的医务人员，也是仅限于那些本人愿意的。全体搭乘者的人数变化如图 3.42 所示，人员构成如图 3.43 所示。

庆应义塾大学医院旧病房中央栋2号馆
门诊挂号处(1F) ⇔ 电梯 ⇔ 精神科/牙科挂号处(3F)单程约75m(所需时间约7min)

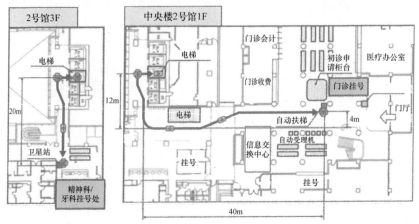

图 3.41　进行实证实验的路径——1F挂号和3F精神科/牙科挂号的区间

①总人数356人(患者288人，医务人员48人)
　比目标230名高出106名(46%)

②变化过程

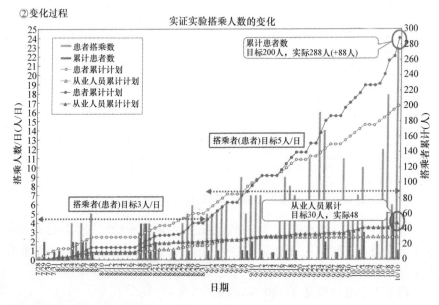

图 3.42　实证实验搭乘人数的变化

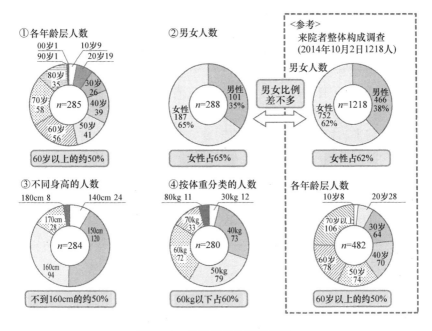

图 3.43　搭乘患者的详细情况

搭乘患者的定量评价结果如图 3.44 所示。总的来说，在"安心感"和"普及

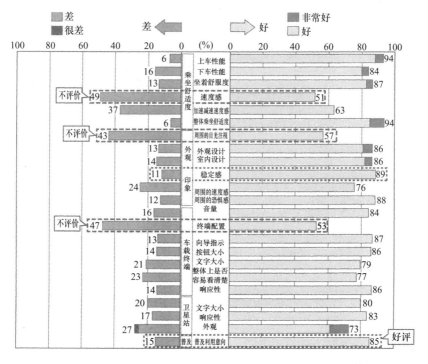

图 3.44　患者对自动患者搬运送车辆的评价（患者 288 人的全体结果）

利用意向"等方面，得到了患者们很高的评价。不过，很多人对"速度感""周围的目光""终端配置"表示不满。速度最初设为 1.2km/h，为了让护理人员能慢慢地陪伴。但由于速度慢，很多患者感到不满，在调查期间后半段，经医院有关人员许可，将速度设定为 1.8km/h。尽管如此，在自由意见栏中，表示不满的也很多。今后如何确定兼顾周围行人的安全和搭乘人员感觉的合适的速度是需要研究的课题（图 3.45）。能够设定目的地的终端装置配置在右手扶手的前方，但由于座高和体型不同，操作起来比较麻烦，今后将对安装位置进行改良。也有意见认为，对周围人的注视很不好意思，对这一点改善方案也是今后的研究课题（图 3.46）。

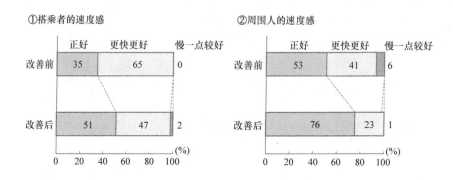

图 3.45　速度设定从 1.2km/h 到 1.8km/h 的前后评价——改善前 17 人，改善后 200 人

在患者的评价结果中，自由表达的意见如下。总的来说，对需要花费较多时间的不满较为集中，今后有必要对改善这一问题的方案进行研究。

- 速度慢，费时（72 件）。
- 姿势异常，检测到障碍物时频繁停车（7 件）。
- 暂停后再启动慢（4 件）。

### 3.2.5　自动患者搬运车的验证与相关专家的评价

另外，在此期间，还请与庆应义塾大学医院关系密切的日本全国 7 家医院院长级医生和康复专家进行了试乘，总体评价结果如下。

（1）运行印象

这次的实验是以庆应义塾大学医院的门诊患者从挂号到各诊室区间自由搭乘的形式，更多的意见是希望从病房楼到检查室、康复室那样的特定路线的运用。也就是说，相比门诊，病房楼的需求倾向更强烈。自由搭乘和上下车，在现有的环境现状下，难以保证不受伤的可能性。如果不对环境进行限定，在整个医院很难取得一致的意见。这是 7 所医院都提出来的，因此要对该事项进行讨论。

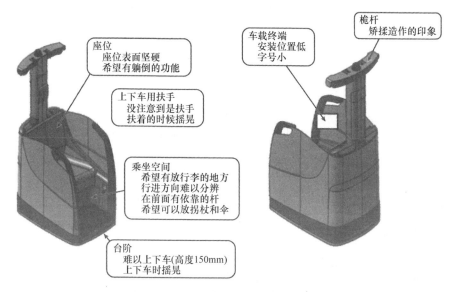

| 部位 | 指出希望改进的事项 | 改善方案 |
|---|---|---|
| 乘坐空间 | 希望有放置行李的地方 | 准备收纳型桌子 |
| | 行进方向难以分辨 | 可视性好的位置准备闪灯 |
| | 在前面有依靠的杆 | 收纳型桌子可兼做依靠的杆 |
| | 希望可以放拐杖和伞架 | 准备一个能放细长物的筒 |
| 座位 | 座位表面坚硬 | 修改座位面的软垫材料<br>悬挂机构的研讨 |
| | 希望有躺倒的功能 | 对躺倒功能进行讨论 |
| 上下车用扶手 | 没注意到是扶手 | 对扶手的设计理念进行讨论 |
| | 扶着的时候摇晃 | 扶手的构造进行再讨论 |
| 台阶 | 难以上下车(高度150mm) | 台阶下零件的配置重新讨论 |
| | 上下车时摇晃 | 能抑制晃动的制动机构的研究 |
| 车载终端 | 安装位置低 | 配置自由臂等提高自由度 |
| | 文字字体小 | 字体大小选择功能和修改配置来适应需求 |
| 桅杆 | 矫揉造作的印象 | 通过采用SLAM方式改变矫揉造作的印象 |

图 3.46　自动患者搬运车的内部外部改善需求

（2）期待效果

虽然自动患者搬运车的功能是提高对患者的服务，减轻护士、护士助手以及委托搬运患者的人员的业务负担，对于庆应这样的大医院效果显著，但普及的关键是在中小规模的医院能取得怎样的效果，而这需要进行验证。

（3）采用面临的课题

采用成本（费用与效果是否成立）不明确的话，除了部分大型医院以外，难以决策是否采用的呼声较高。多数意见认为，建立能够对医院经营做出贡献的系统及建立良好运行形象，是促进自动搬运车在日本全国医院普及的必要条件。

### 3.2.6　未来发展和应用的可能性

笔者最终希望将这种自动搬运患者的车辆推广到医院外。具体来说，从铁路车站内部、公交车站内部、机场内部、港口内部等交通连接点，到购物中心、百货商店、住宿设施内部，都有各种有效利用的可能性。在需要垂直移动、空间大的地方，能够自动移动的车辆效率高。笔者等人此次试制的自动搬运患者的车辆，还只是量产普及的第一步。不过，该产品获得了2014年度的优秀设计奖，其设计性和社会必要性已开始得到评价。从图3.47可以看出，不仅是院内，期待在医院以外普及的患者们的意见也得到了确认。

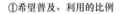

①希望普及、利用的比例

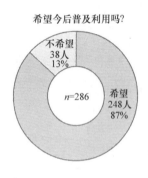

希望今后普及利用吗？

不希望 38人 13%

$n=286$

希望 248人 87%

②关于普及的主要意见

| 区分 | 意见 |
|---|---|
| 医院管理层 | 在医院里也许有其他各种各样的用途(院长) |
| | 能否将线路延长到康复中心(副院长) |
| | 需要宣传这是一种安全的交通工具(护理部长) |
| 患者 | 希望在其他设施也能普及(机场、百货商店、美术馆、宾馆等) |
| | 增加医院内的其他线路，希望其他医院也能增加(病房、检查室、康复科、小卖部、厕所等) |
| | 对身体不适或行动不便的人有帮助 |
| | 现在已经是舒适的运载工具，希望能普及 |
| | 为了老龄化社会，现在开始普及 |
| | 身体好的时候不利用 |
| 医务工作者 | 在院内移动频繁的情况下很有帮助 |
| | 能去出租车站点的话会很方便 |
| | 今后的年代是必需品 |
| | 占用电梯等对周围的人会产生很多不便 |

图3.47　患者对自动患者搬运车辆的需求以及面向普及的意见

笔者将以此次试制和评价试验的结果为基础，进一步推进试制和试验。更希望在日本国内、甚至在世界范围内普及这样的自动搬运车，从而确保移动权和移动性，进而构筑每人都能自由参与的、服务性高的国际社会。

作为医院内今后的改善方法，考虑了以下方案，并准备试着实践一下：来到医院后就开始乘车并进行挂号；对本人的信息确认后，就会出现通常的移动提示，例如"请先到××处进行检查"，并自动进行移动；各处诊疗后的结算（信用卡）在乘车中就能完成；同样，药的准备也能在乘车状态中完成。

在减轻老年人和残障人士移动负担的同时，安全性也很重要。如果对患者有可靠的个人认证技术，可与此同步提供各种服务，这也是今后研究的要素。

　　另外，笔者还参与了医院内物流助力车的试制工作，并进行了试制评价，在这里，自动搬运的需求同样也很大（图 3.48）。因此，为了实现与搬运货物的车辆的底盘通用化，不仅是在医院，在各种各样的社会环境中的物品运送自动化也需要广泛推进（图 3.49）。

图 3.48　助力式物流车今后将实现自动运行，减轻负担

图 3.49　庆应义塾大学试制的室外用自动运行电动车辆和自动物流车——在 2007—2009 年度日本文部科学省支援的"高移动性项目"中试制的车辆，笔者也参与了该项目，这样的汽车进入医院的设想也值得期待，有助于减轻移动负担到最小化

## 3.3 采用电动货车的城乡共生支持系统

### 3.3.1 JA（日本全国农业协同组合）直销店的兴盛和农村的高龄化

现在，全球变暖已成为世界性的问题，在日本国内创建不排放二氧化碳的低环境负荷、低能源的地区环境社会已成为当务之急。地区的各种要素都有必要对地区环境的绿色设计有所贡献，采用 IT 技术和低公害环保车等在内的最新技术进行能源管理的实践，以实现智能社区已成为急需研究的课题。笔者参加了 2011 年至 2012 年产学政相关机构的专家面向创造智慧社区的最新动向和课题的听证会，在这个过程中发现了一个重要的问题。

读者朋友们是否注意到 JA（Japan Agricultural Cooperatives，日本全国农业协同组合中央会，简称农协集团）经营的蔬菜直销店正在增加。看了日本农业研究所的研究报告《农业研究》第 23 号（2010 年），发现上面写着令人惊讶的数字。日本全国蔬菜等产品直销店数量为 16824 家，比 5 年前增加了 3286 家（24.3%）。笔者就此向 JA 进行了追加听证后发现，这种倾向并没有什么改变。

上述 2010 年的数字大大超过了便利店巨头 Seven – Eleven 的日本全国店铺数 12907 家（2010 年 8 月末）。显然，农产品相关的直销店正在日本全国范围内大量推广。据说，每个农协会员对应 3 个直销店。这些直销店中，运营主体为农协的有 2314 家（13.8%）、第三方的 463 家（2.8%）、地方公共团体 213 家（1.3%）、其他 13834 家（82.2%）。报告也指出，直销店增加的背景是近年来与食品相关的丑闻及事件的发生有关，以及消费者对食品安全、安心程度的需求提高有关。

另外，在生产者方面，随着老龄化的发展，无法适应供销体制框架的生产者不断增加，同时退休归农者、新就业农民、女性农民等都认为比较容易参加直销店的销售。但笔者从调查中了解到，这里也隐藏着问题。

问题是，无论是老年农户还是小规模农户，开店时需把蔬菜等商品运到直销店，打烊时再去回收，这已成为基本的规则。重要的是，直销店把销售空间提供给了农户，在那里农家的商品以商家店铺的方式排列，这就是直销店的结构。也就是说，农民每天最少需要往返 2 次于农田和直销店之间进行货车运输，如果经营直销店的 JA 等要求补充不足的蔬菜，还会另外增加运输的时间。通过农户的听证会，就会发现这种体力上、精神上的负担以及时间上、费用上的成本很大。特别是在日益增加的高龄农户和小规模兼职农户中，这种倾向尤为明显。另外，笔者还发现，为了降低成本，仍有很多农户使用排放二氧化碳的老式轻型货车进行运输。但是，近年来，日本国家和地方自治团体要求 JA 推进环保，特别对于排放有增加倾向的产品直销店及其周边地区，也要求推进环保设计。

根据上述调查结果，笔者认为在农协的蔬菜直销店周边进行有效智能社区支援的"果蔬环保运输系统"的研究是符合时宜的，并在 2012—2014 年与相关从业者共同推进了相关研究项目。

## 3.3.2　蔬菜搬入搬出支援的必要性

当时笔者所属的庆应义塾大学大学院系统设计与管理研究科，与下面的机构合作，推进了"果蔬环保运送系统"的研究。

主要研究机关包括：

- 庆应义塾大学（主要负责：新一代直销所物流的系统设计与管理）
- 矢崎总业株式会社（主要负责：信息技术、信息社会设计、社会商务构筑）

提供技术和经验的参与合作机构包括：

- 株式会社智能传感器技术（相关领域：味觉传感器）
- 神奈川县（相关领域：农政全体）
- 川崎运输株式会社（相关领域：运输全体）
- 株式会社 GS 汤浅公司（相关领域：电动汽车电池）
- JA（相关领域：蔬菜直销店的运营）
- 谷电机工业株式会社（相关领域：高效率发电机）
- Toppan Forms 株式会社（相关领域：简易冷藏系统）

组建了以上的产政学研究体制，以 2012 年以后与本项目有关的 55 个专业机构的听证会意见为基础，了解到以下 3 个社会背景是日本全国性的地区问题。

JA 蔬菜直销店日本全国都在激增，并且作为连接农业和都市生活者的据点受到关注。根据地区的不同，已经增加到与便利店相等的水平。

在急剧增加的蔬菜直销店中，地方政策也有环保低负荷、低能源运营的要求。但是，实现这些目标的具体方案的讨论被推迟了。

虽然农户自行进行蔬菜的搬入搬出，但在早晚繁忙的时间里，在多个直销店来回奔波，对于高龄化的农户来说是很大的负担，因此减轻该负担也是迫在眉睫的事情。

这并不是限于庆应义塾大学所在的神奈川县区域的问题，而是日本全国范围内的共同问题，与都市生活者的饮食环境有直接关系。这也是关系到蔬菜直销店可持续发展的问题。因此，庆应义塾大学与上述各相关机构合作，构筑了解决上述问题的生态搬运系统的概念。

根据各方面听证会的信息，构筑了如图 3.50 所示的新一代的用于直营店的搬运系统，它将能减轻农户的成本、体力、精神负担，实现蔬菜直销店周边的环保化设计，为蔬菜采购人员提供安全、安心的服务。这也是通过有意改善移动性来提高地区社会服务水平的区域社会模型。

具体来说，早上在直销店附近的农家进行巡行，上午 7 点 30 分到 8 点 15 分之间代替农户将蔬菜搬入直销店。傍晚，在商店打烊的 17 点以后，代替农户将剩余

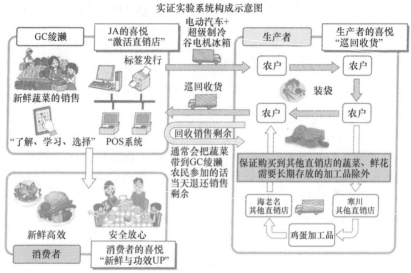

图 3.50 以直销店为基点的果蔬绿色生态搬运系统的概念图

蔬菜搬出运往农家。在这个过程中，采用了低噪声、不排放二氧化碳的电动货车（借用了 GS 汤浅公司拥有的三菱汽车 minicabMiEV），该车搭载了不使用电力的环保冷藏系统超级冷却系统（Toppan Forms 株式会社提供），这些系统构成的"简易冷藏型环保搬运系统"用于蔬菜的搬运（图 3.51）。由于基于现有技术，电动冷藏车辆的上市、普及还需要时间，因此决定对上述低成本、简便的"简易冷藏型生态搬运系统"进行了验证和评价。该系统能支持高龄农户，真正实现了直销店蔬菜输送的生态设计＋通用设计的具体化。

图 3.51 本实验中使用的三菱汽车的电动货车 minicabMiEV 的外观

### 3.3.3 果蔬环保运输系统的实证实验

笔者对简易生态输送系统进行了安装，并在下列时间段内进行了实证实验。

• 2014 年 5 月 10 日开始实施了春季系统的实证实验（到 2014 年 5 月 16 日为止，进行为期 1 周）。

• 2014 年 8 月 31 日开始实施了夏季系统的实证实验（到 2014 年 9 月 6 日为止，进行为期 1 周）。

- 2014 年 12 月 10 日开始实施了秋季系统的实证实验（到 2014 年 12 月 16 日为止，进行为期 1 周）。
- 2015 年 2 月 21 日开始实施了冬季系统的实证实验（到 2015 年 2 月 27 日为止，进行为期 1 周）。

在春季和夏季，三菱 minicab-MiEV 电动货车的货厢内装有超级冷却系统（简易冷藏系统，利用高性能保冷剂来冷却果蔬），并将前一天晚上到当天早上收获的蔬菜放到其中进行运输（图 3.52）。但是，在实验中可以看到，由于在农家的停车场内上下货时，每次都需要开闭超级冷却系统，因此会产生冷藏损耗。由于合作的农户有 3 户，所

图 3.52　春季及夏季，将果蔬放入电动货车货厢内的超级冷却系统进行运输

以在秋季和冬季准备了 3 个稍小的带有冷却系统的货箱，提前交给农户，这样农户把蔬菜装入货箱，直接放进电动货车即可（图 3.53）。

图 3.53　秋季及冬季，为了降低温度损失，向各农户分发小型冷却货箱以应对

协助实验的农户是在评价区域的直销店（JA 绿色中心绫濑直销店）每天批发商品的 3 家老农户。其中一户以咸菜等加工品为主，其余两户以蔬菜、水果等为主批发。

在上述的整个实验期间，电动货车的驾驶由川崎运输的专门驾驶员进行，庆应义塾的研究人员一定会陪同前往，并与农家依次进行交流，记录其中内容。

在蔬菜直销店，如图 3.54 所示，在银色的托盘下每层铺有 4 个高性能保冷剂，实施温度管理。为了避免冷风直接吹到蔬菜上，采用了这样的方法。图 3.55 ~ 图 3.59 是实际在直销店实验时的陈列情况。春夏秋冬，各种各样的蔬菜都在直销店上架，以验证是否能保持与外部空气一起冷却的效果，实验得到了良好的结果。

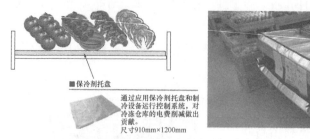

■保冷剂托盘

通过应用保冷剂托盘和制
冷设备运行控制系统，对
冷冻仓库的电费削减做出
贡献。
尺寸910mm×1200mm

图 3.54　银色的托盘和高性能保冷剂

图 3.55　直销店的蔬菜陈列情况（春季实验）　　图 3.56　直销店的蔬菜陈列情况（夏季实验）

图 3.57　直销店的蔬菜陈列情况（秋季实验）　　图 3.58　直销店的蔬菜陈列情况（冬季实验）

图 3.59　味增、蒟蒻（魔芋）等加工品以及花卉类也尽可能配送

### 3.3.4　连接农业和城市生活者的信息共享系统的概念和设计

通过上面的实验验证，得知本地农产品流通的最优化和高效化可以实现，高品质、高稀缺性的农产品也将得到供应，并且可以预想对农产品本身及其销售相关信息的需求会将越来越大。于是以本次实验为基础，试图在网络上构建流通领域的各种信息的架构，包括连接生产者和消费者的网络、生产者及生产活动的概念、相关的销售信息、购买果蔬的相关问询等。为了提高蔬菜直销业界的服务水平，不仅仅需要运输系统，还需要城市居民和农户的信息共享系统。这个系统的建立才能真正地实现城乡共生。

具体来说，通过导入 IoT（Internet of things）技术，在生产物品及放置生产物品的架台上引入 IoT 标签的"Logo Q"（详细情况将在后文叙述）。消费者可以通过Logo Q 访问生产的物品、生产者以及新开发的门户网站发布的生产者信息。由于信息以附带在流通产品上的形式流通，因此它超越了直销店，不仅是访问直销店地区的消费者，还将被更广泛地传播。结果是生产产品的附加价值得到了增加，来直销店光顾频率的增加等次要效果也值得期待。

直销店和一般超市，在生产者和产品的关系方面有所不同。一般的超市里，商品的标签上仅写着对产品负责的组织及产地，生产者的情报只有在特别的情况下才记载。而在直销店里，农作物是以生产者的不同而摆放的，生产者的名字记载在物价的标签上。与超市不同，消费者能够具体知道谁是农作物及商品的生产者。通过生产者的产品销售情况，我们知道谁是生产高质量产品的生产者。

今天，消费者的价值观已经多样化，对产地、耕作方法等的关心不断提高。特别是那些访问直销店的消费者，已经不仅是在当地生活的消费者，还包括对稀缺性、新鲜度、耕作方法等感兴趣并积极行动的消费者。这样一些消费者会参加同样兴趣的消费者构成的小团体或互联网上的社交群组等来交换信息。这种信息交换不仅是小团体和群组的参加者能看到，附近的人们也能看到。这种信息的传播形态，俗称"口耳相传"。

在互联网上通过口耳相传来传递信息，就会增加网民接触信息的机会，这是利用互联网的一种宣传手段。因此，制作容易引起口耳相传的媒体信息并发布，已成为一种常见的 PR 方法。对于直销店和生产者以及他们的产品，通过口耳相传，可以有效获得潜在顾客。但是，对于原来的直销店而言，生产者可视化目前还没有考虑到这种口耳相传的方式中。

为此，笔者提出的建议是，在本次实证实验的开发中，为了方便大家访问生产者的信息，降低口耳相传的门槛，导入 IoT 技术。具体而言，就是开发发布直销店及生产者信息的门户网站，公布直销店的通知、生产者活动信息、产品特征及烹饪方法等附加价值信息。然后将公开的信息的 URL 通过 IoT 标签技术与商品或货架相连接。

在本次实证实验中的 IoT 标签使用了 Logo Q。Logo Q 是彩色的二维码的商品名称。其生成方法是一种专利技术，能够将商品的图像进行分色并进行二维码化（这里称为 QR 码化）。同时重视设计性和安全性，解决了以往的 QR 码难以引起注意的课题，解决了编码信息内容与产品内容不相关的问题。消费者可通过 Logo Q 及智能手机就能浏览眼前的产品及生产者信息，并可将感想和需求等信息通过各种社交媒体发布。

图 3.60 ~ 图 3.65 表示所开发的系统的网站。像智能手机 QR 码一样，只要加上实证实验的 Logo Q，就可以显示其中的内容。

该网站结合 2015 年 2 月 21 日至 27 日实施的冬季实证实验进行了运用。在实现本地农产品流通的最优化和高效化，提供高品质、高稀缺性农产品的同时，也能提供所需求的农产品本身及其销售相关信息。于是以本次实验为基础，试图在网络上构建了流通领域的各种信息的架构，包括连接生产者和消费者的网络、生产者及生产活动的概念、相关的销售信息、购买果蔬的相关问询等。虽然仅进行了 7 天的实验运用，但因为导入了作为 IoT 技术的 Logo Q，消费者可以通过 Logo Q，可轻松且高安全性地访问产品及生产者和新开发的门户网站发布的生产者信息。因此，不仅是产品本身，包括生产厂家在内的产品相关信息也可以在互联网上传播，停留在直销地区消费者的产品价值将得到更广泛的传递。今后，我们的研究人员将对通过广泛传递信息而产生的产品附加值的增强以及直销店的光顾频率等进行验证，同时使得提高体现该领域服务水平的措施更具体化。

### 3.3.5 果蔬环保运输系统实证实验评价

根据农户和 JA 的听证结果，果蔬环保运输系统的评价大致按季节整理如下。由于每个季节都有各自的特点，首先与大家分享农家和 JA 的反应。

#### 3.3.5.1 春季实验的发现和总结

• 一个星期以来，3 家农户逐渐了解并感受到搬运系统的正面效果。也越来越想表达他们感谢的心情。从现场可知：对高龄农家来说把果蔬搬运到直销店是一件很辛苦且压力很大的工作。虽然对电动车 + 制冷系统的评价很高，但也有一些日子，由于轻型货车的容量只够 3 户农家用，而其他农户会感到遗憾（结果还是让农户们继续派车）。

• 在春季，卷心菜、生菜、带叶胡萝卜、萝卜、小豌豆、葱是蔬菜的主流，剩下的是花卉类。蔬菜一天不到就都卖完了，花卉类的销售情况也很好（在 GC 绫濑的老品种花卉的顾客很多）。这些冷藏蔬菜，比起常温同类的便宜商品，卖得更好。常温下的同类低价商品，未能卖出的情况比较突出（虽然也有农户看到这种倾向而主动降低价格，但价格高出 10 日元至 20 日元的同类商品还是卖得很快。这是庆应的工作人员经常在店里确认到的情况）。从总体上看，市民的关心程度较高。

图 3.60　城乡共生项目实证用网站首页

图 3.61　生产者的网站首页

图 3.62　产品（农作物）网页

图 3.63　生产者个人网页

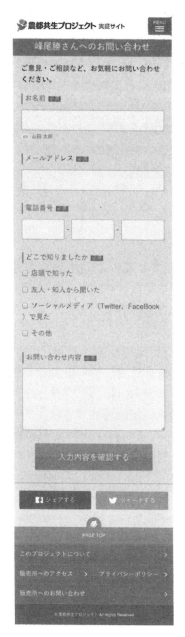

图 3.64　询问留言的界面

图 3.65　蔬菜清单

- 比起花卉类，在寒川或海老名的大型商店里，希望出售稀有蔬菜类的意见有 3 个左右。从季节上来看，要买圆萝卜的客人很多，很多人都为没有库存而感到惋惜（实验在夏天进行的时候，事先对这些畅销商品进行协调）。

- 由于导入超级冷却而带来的温度差异，很多顾客都能明显感觉到。测量温度后发现，平均为5℃，与其他没有冷藏的销售蔬菜有明显不同。当然，我们的专用展位设在冷藏箱前，也起到了积极作用。

- 与来购物的顾客的对话中，电动汽车＋代理搬运＋冷藏服务的费用，大多数人认为应该主要由直接得到益处的农户来负担（虽说这是理所当然的，但遗憾的是感觉不到购买蔬菜的顾客支付的意愿）。

- 有1个农户希望自己也能参与实验。由于是在夏季更能够发挥系统的长处，很多市民表示期待夏季的到来。

### 3.3.5.2 夏季实验的发现和总结

- 继春季之后，从现场了解到，对高龄农民来说，把货物搬运到直销店是一项艰巨的工作，因此对电动车＋制冷系统的评价很高，对于高龄农民来说，它也有在炎热时期保存体力的效果。此次共计实施14天，从上述观点来看，这已成为高龄农家所喜爱的服务方式。

- 在夏季，茄子、黄瓜、秋葵、土豆、菠菜、花卉类是主流。蔬菜一天不到就都卖完了。夏天，工作人员有时尝试远离销售柜台，在远处的工作间查看销售情况，结果发现，如果在蔬菜的旁边进行说明销售会上升，但没有的话也有一定的销量，说明系统有一定的效果。

- 与常温同类的廉价商品相比，冷藏的货物卖得更多。常温下的同类低价商品未售出的现象比较突出。与春季一样，也有根据这边的倾向降低价格进行竞争的农户，特别是茄子尤为明显。尽管如此，价格高于10日元至30日元之间的货物却很畅销。总的来说，市民好像是看到超级冷却系统和蔬菜的质量才买的。

- 比起花卉类，也有人希望寒川和海老名的大型商店出售稀有蔬菜类，每天从寒川商店运过来的高质量菠菜都销售一空。利用搬运系统运送其他大型商店的物品，可以有效地改善中小型商店的商品种类。

- 由于超级冷却系统而引起的温度差异，这次很多亲身来店体验的顾客明显感受到了。与普通品的温度相比较，平均相差5℃左右。当然，我们的专用展位设在冷藏箱前，也起到了积极作用。在夏季，与来购物的顾客的对话中，电动汽车＋代理搬运＋冷藏服务的费用，大多数人认为应该主要由直接得到益处的农户来负担，虽说这是理所当然的，但感觉不到购买蔬菜的顾客支付的意愿。

- 站在蔬菜旁边，就会发现市民会根据农民的名字挑选蔬菜。把过去买了评价不好的农户作为失败（NG）清单拿在手里的客人也有好几个，相反，也有客人记录着评价较高的农户的名字。我们的合作农户总体上获得市民的评价比较高，应该对这次我们考虑附加价值的进一步的品牌提升有帮助。

- 这次有2个农户希望我也和他们联系。秋季是蔬菜种类增加的时期，很多农户都希望把自己也包括在实证实验中。

### 3.3.5.3　秋季实验的发现和总结

- 继春夏之后，从现场了解到，对高龄农民来说，把货物搬运到直销店是一项艰巨的工作，因此对电动车＋制冷系统的评价持续很高。本次共计 21 日的实施结果表明，这一服务无论哪个季节，都为高龄农民带来了惊喜。特别是由于可以大大减少早晚运输的时间，所以对此项服务的评价不断提高。

- 在秋季，菠菜、胡萝卜、芋头、大头菜、大葱等是主流。这次根据 JA 的要求，庆应义塾的工作人员在后面的工作间待命，不做任何说明，只对销售情况进行监控（1h 观察 1～2 次）。就是这样，也几乎都卖出去了，剩下的很少。工作人员在蔬菜旁进行说明的话，虽然销售会有所提高，但即使没有这样的说明，销路也比较好。

- 比其他农家的常温同类的便宜商品，这边卖得越来越好。常温下的同类低价商品未售出的现象比较突出。继春季夏季之后，也有根据这边的销售动向进行降低价格竞争的农户。尽管如此，价格高出 10 日元至 20 日元的这边的产品较为畅销。总的来说，市民都是看到超级冷却和蔬菜的质量而购买的。

- 对顾客进行了交流，结果发现，此次亲身体验过的很多客人都明显感受到了由超冷却系统带来的温度差异。和其他农家的产品的温度相比，大约相差 5℃。这种高附加值的蔬菜从这次开始就放在了入口附近，因为很快就能选购到高质量的蔬菜，受到了进一步好评。

- 从与前来购物的顾客的对话中可以看出，电动汽车＋代理搬运＋冷藏服务的费用，大多数人认为应该主要由直接得到益处的农户来负担，这与春季及夏季的相同。虽说这是理所当然的，但感觉不到购买蔬菜的顾客支付的意愿。

- 与夏季的情况相同，市民开始根据农民的名字来挑选蔬菜。把过去买了评价不好的农户作为 NG 清单拿在手里的客人也有好几个，相反，也有客人记录着评价较高的农户的名字。通过与来店者的交流，对我们的合作农户评价很高，我们的活动也有助于进一步提高品牌价值。

- 从此次实验的合作机构 JA 得知，大家对这种环保搬运系统的效果逐渐理解，将蔬菜运到城市区域（例如东京都内和川崎市的商店）进行销售的话，可以激发地区农业的活力，是值得肯定的评价。

### 3.3.5.4　冬季实验的发现和总结

继春季、夏季、秋季实验之后，从现场同样可以知道将货物搬运到直销店对高龄农家来说是一项艰巨的工作，因此对电动汽车＋制冷系统的评价也持续走高。本次实验共计实施了约 1 个月，可以看到，无论春夏秋冬，这种服务已成为了高龄农家所喜爱的方式。由于可以大大节省早晚运输上的时间，所以对它的评价不断提高。对于能够有效利用时间及保存体力这方面的评价特别高。

在冬天，萝卜、白菜、菠菜、胡萝卜是主要产品。这次同样根据 JA 方面的要求，庆应义塾的工作人员在后面的工作间待命，不做任何说明，只对销售情况进行监控（1h 观察 1~2 次）。尽管如此，结果还是几乎都卖出去了，剩下的也寥寥无几。从中可以看到，工作人员在蔬菜旁进行说明的话，虽然销售会有所提高，但即使没有这样的说明，销路也比较好。

冬天里相比常温同类的便宜商品，这边卖得更好。常温下的同类低价商品未售出的现象比较突出。继春季夏季秋季之后，也有根据这边的销售动向进行降低价格对抗的农户。尽管如此，价格高出 10 日元至 20 日元的这边的产品较为畅销。总的来说，市民都是看到超级冷却和蔬菜的质量而购买的。

- 此次亲身体验过的很多客人也都明显感受到了由超级冷却系统带来的温度差异。和其他农家的产品的温度相比，大约相差 5℃。这种高附加值的果蔬这次也放在了入口附近，得到了较高的评价。

- 通过与前来购物的顾客的对话可以知道，很多人认为电动车 + 代理搬运 + 冷藏服务的费用应该首先由直接受惠的农户承担。结果与春、夏、秋相同。虽说这是理所应该的，但却感觉不到购买蔬菜顾客的支付意向。

- 继夏天和秋天之后，站在蔬菜旁边，就会发现市民会根据农民的名字挑选蔬菜。把过去买了评价不好的农户作为 NG 清单拿在手里的客人也有好几个，相反，也有客人记录着评价较高的农户的名字。通过与来店者的交流，对我们的合作农户评价很高，我们的活动也有助于进一步提高品牌价值。

- 从此次实验的合作机构 JA 得知，大家对这种环保搬运系统的效果逐渐理解，将蔬菜运到城市区域（例如东京都内和川崎市的商店）进行销售的话，可以激发地区农业的活力，是值得肯定的评价。

- 仅在冬季构建了连接农家和居民的城乡共生型的信息共享系统，但经常来直销店的客人对其有效性抱有期待，其有效性得到了较高评价。

### 3.3.5.5 本次提案的"果蔬环保运输系统"商业化的可能性

此次，通过共计 28 日的果蔬环保运输系统的实证实验，作为其综合评价，对合作 3 家农户询问了使用意向，结果如下。

- 如果不考虑成本，搬运系统非常有魅力。采用电动汽车和超级冷却的简易冷藏系统所具有的环保设计，以及对高龄农户形成支援、使得他们参与和维持直销店、呈现地区活力的通用性设计，能够减轻人数较少农户的负担，同时提高时间使用效率等。从这几方面来看，此次运输代理的优势非常明显。

- 运输服务的价格是早晚搬运 1 天含税约 2000 日元左右。如果以 2000 日元/天的标准金额和服务使用来衡量其优缺点的话，1 天 2000 日元，30 天将为 60000 日元，这是一个较高的价格，结果是不愿支付（绿色中心绫濑的直销店每月在第三周的周三停业）。实际上，大家的共同意见是，如果每月超出 30000 日元到 40000 日元，就不太可能在日常生活中使用。

- 对于运输服务来说，如果不按每个农户每月 60000 日元的价格定价的话，就没有商业价值。因此，农户们建议：①通过印刷价格贴纸并加以使用，宣传果蔬产品，提高其附加价值，让服务质量和数量的提高，使其能够接受 60000 日元左右的价格；②设置像公交车站一样的集中配送所，运输车辆到那里去取货，通过提高效率而降低定价；③在准备使用该搬运系统的前一天预约，以每天作为单位使用等方法。此外，还提出了一种方法，在蔬菜销售的销售额中考虑向 JA 缴纳一部分，以分配给支援运输。以上是对以需求为导向的商业化的启示。

综上所述，总的来说大体上都赞成环保运输系统，但由于近来农业经营困难，支付搬运的意向额并不高。在判断支付意向金额时，由于是在体验服务的优缺点的一个月后进行的评价，所以准确性相当高。因此，今后将参考本次农户的支付意向额，调查更多农户的支付意向额和详细需求，例如使用经济学的条件价值法（CVM），进行商业化探讨。

### 3.3.6　小结

以此次蔬菜直销店为基础的生态输送系统，由于是基于农户、JA、神奈川县的调查结果而构筑的系统，所以面向需求的所规划的系统本身也得到了农户的高度评价。虽然现在仍有要克服的困难，但我们的研究人员今后也将继续研究如何将这一具有社会意义的方法具体化。

特别是在产品直销店中，不仅在物流这一移动性领域，而且兼顾实现城乡共生的信息共享系统也很重要，并且正是这种兼顾对提高服务水平至关重要。希望通过重视这一点，将现实世界和虚拟世界连接起来，实现食品的安全和放心，促进农业的活力。

## 3.4　使用 IoT 标签的新交通运输信息服务

在本节中，将说明与笔者共同进行研究的 AT 通信株式会社，一起致力于使用可视性和安全性都很出色的 QR 码的下一代"Logo Q"码应用于未来交通运输服务的情况。

### 3.4.1　QR 码的兴盛和 IoT 标签

#### 3.4.1.1　信息化时代的代码管理

现在是所有的物件都被网络连接起来，创造新价值的 IoT（Internet of things，物联网）的时代。在这样的信息化时代，如果不能正确管理信息并准确传达信息，就不能有效利用信息。例如，农家在生产的苹果和香蕉上一个一个地贴上管理标记（flag），这样才能进行仓库管理、上物流线、上架，进行单品的库存管理和销售管理。为了让每个信息，不分语言谁都能理解并进行通用性管理，有必要对信息进行编码。

所谓编码，就是为了使信息易于处理，使之能够用数字等符号类来表现的体系。信息代码化的事例，如电话号码和汽车的车牌、汽车驾驶证号码、区分住所的邮政编码、银行的存款账户号码、医院的挂号序号等。在日常生活中，用代码进行管理的现象很多。每个人都有一个名字，正因为有了名字所以才能识别。为了有效、正确地运用这个名字，用12位的代码进行管理和运用，这就是个人号码制度。

### 3.4.1.2 一维条形码的诞生

即使将信息进行编码，如果不能准确、迅速地传达到适当的地方，也不能实际运用。为此，将代码图形化，并在市场上普及的最初的代码是一维条形码。

无论作为商品包装的印刷品印刷得多么精美，但如果不与用于管理的一维条形码印在一起，包装盒仅仅只能起到"商品外包箱"的作用，不能在现场进行有效的管理。商品和一维条形码在一起才能流通、管理、销售（图3.66）。

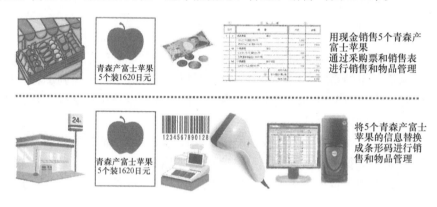

图3.66 因为有了条形码，销售管理和物品管理变得更有效率

### 3.4.1.3 从一维条形码到QR码

将多台计算机连接起来并进行信息交流的架构称为网络。在仓库管理、物流管理等特定的封闭网络内，一维条形码就足够了。但是，在信息化时代，通过互联网进行全球化信息管理时，仅在一个维度上携带信息的一维条形码在物理上具有其局限性。

QR码是1994年开发的矩阵型二维码，和JAN码相比，在信息限值上有较大的差别，功能上没有区别。

目前流通领域使用的一维码主要是JAN码。JAN码作为日本的统一商品代码，是流通信息系统的重要基础（基础代码），由国家代码（2位）＋企业代码（5位）＋商品代码（5位）＋CD（1位）共13位组成。如果只局限于"识别商品"的话，JAN码就可以应对了。但如果要对每件商品进行管理的话，JAN码就会出现位数不足的问题，因此，需要纵横两个方向都带有信息的二维码来管理。

二维码与只在一维方向上具有信息的条形码相比，在纵向和横向的两个方向上都具有信息。二维码的代表是QR码。QR码作为能够准确、快捷地读取大量信息的二维码，在制造业和流通业的供应链上被广泛灵活地使用。例如，在日本汽车工业协会、日本汽车零部件工业协会等领域，用于零部件的订货、验货发票等。

另外，在一般市场上，伴随着手机和智能终端与网络连接的日益普及，为了节省输入以"http：//www．~"开头的 URL 网址文字，将 URL 表示为 QR 码，使得手机和移动终端可以通过读取 QR 码而显示 URL，从而连接网站的事例在日常生活中一直被大量利用。今后在流通行业和金融行业等多个领域，会将现有主要的一维码转变为普及 QR 码。

为了能正确、迅速地访问表示因特网上的内容信息目的地的 URL，将其变换成 QR 码，即用"文字信息：URL"转换为"代码信息：QR 码"，可有效地处理信息。

2014 年 6 月，在德国柏林举行的欧洲发明家奖（European Inventor Award）颁奖典礼上，QR 码因为开发 20 年以来的应用业绩，被广大的地区和不同年龄的普通消费者广泛认可和评价，由普通的网络投票，QR 码开发小组获得了"Popular Prize"奖项。作为通过智能手机和平板电脑连接互联网上无数网站和现实世界的有力工具之一，QR 码在世界范围内得到广泛认可。

### 3.4.1.4　能将所有物品都能连接到因特网的 IoT

通过将所有的物品通过网络连接起来，对于产生新的商机及解决现实问题，IoT 被寄予了厚望。

可穿戴式智能设备也是 IoT 的一部分。智能眼镜及智能手表等的出现，可以实时获取需要的信息；通过这些可穿戴智能设备，可测量分析所戴人员的活动量、脉搏等，并进行健康管理，因此，期待在各种各样的领域被应用。另外，应用于汽车的智能汽车、应用于电力控制的智能仪表，以及农业中使用的塑料大棚的传感器等都能连接到互联网的物联网中。

如果所有的物品都通过网络连接，形成完善的物联网（IoT）环境，就可能以 IoT 为媒介，融合不同行业，创造出新的商机。例如，保险公司可以将汽车公司通过导航系统收集到的行驶信息灵活地用于设定保险费用。这是一种根据驾驶的安全程度，保险费发生变动的"远程保险"。在保险业发达的欧美国家，以车载导航等车载设备获得的信息为基础，给予保险费折扣的汽车保险已经开始普及。日本国土交通省也明确表示，作为汽车大数据应用的一环，将大力推广这种远程保险。

作为最大的纸质信息发行方的报社和出版社，随着互联网的普及，在网站上也积极发布信息。对于收集了多方的内容后在自己的网站上发布信息的雅虎这样的大型门户网站，从用户的角度来看，信息内容并没有太大的差异，因此很多人认为只要浏览免费的雅虎就足够了。随着互联网的普及，对于报社和出版社来说，最大的竞争对手并非同类的报纸/出版业，而是 IT 企业。这些 IT 企业也开始进军汽车领域。谷歌、苹果等 IT 领域的大企业都将自动驾驶汽车实用化作为应用于各个领域的一个目标。

在物品与网络相连接的物联网（IoT）时代，需要公司既作为制造业的公司，又是服务行业的公司，因此必须重新定义本公司的功能。这在交通主干系统中也同样如此，汽车公司也可以定位于支持生活的支援服务。随着 IT 的发展，现有产业的框架将产生崩溃，产生新框架的情况将不断增加的时代已经到来（图 3.67）。

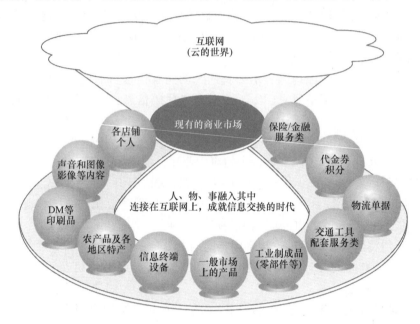

图 3.67　现有商业的人、物、事与互联网连接，进行信息交换

### 3.4.1.5　用于支撑 IoT 的两种技术

要理解 IoT，就必须理解支撑 IoT 基础设施的技术。该技术大致分为两种，一个是"云技术"，另一个是"IoT 标签技术"。

（1）云技术

物联网（IoT）技术，如前所述是通用性高的技术，并且预测会给我们带来很大的益处，形成一个极其庞大的市场。其市场规模预计到举办 2020 年东京奥运会时将达到 30400 亿美元，通过 IoT 连接的系统和设备数量将达到 300 亿台。

物联网（IoT）给了人们很大的期待，使得这种架构成为可能的技术之一就是云计算技术（通过互联网等网络，根据需要从网络上利用服务的网络技术），如图 3.68 所示。

通过某种传感器不断获取信息时，由此获得的信息极其庞大，其储存和分析需要庞大的资源。但是服务器的自动增减功能（服务器等的数量，可以自动增减的功能）等云技术的日益进化，使得多种设备收集到的各种信息可以通过大数据分析技术，对其进行适当的处理分析而且费用较低。随着云技术的大力发展，得以实现 IoT 的解决方案。

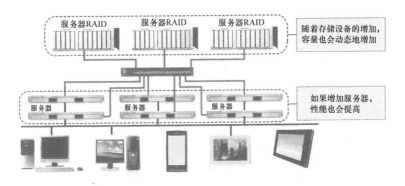

图 3.68　云技术的发展推动了 IoT 技术

（2）IoT 标签技术

支撑物联网（IoT）的另一个重要技术是 IoT 标签技术。"TAG"是指标签或标牌的英文单词。连接物品和网络的工具并不仅仅是传感器和无线通信环境。如果要问 IoT 的前面是什么的话，那里一定会有"人（顾客）"。换句话说，IoT 技术就是通过物与物，以及经过物连接人类的技术。使用物品的是人，享受 IoT 带来好处的也是人。因此，在 IoT 中，重要的是如何最终迅速、正确地收集对人类有益的信息，而不是物品。支撑该技术的技术之一是 IoT 标签技术。

最近，各行业都在大力推广"IC 标签"，这也是 IoT 的标签之一。也就是说，贴在物品上的标牌是小小的 IC 芯片。但是，IC 标签需要成本，不能简单地生成，能嵌入 IC 标签的媒介也有限。也就是说，不是谁都能轻易得到标签。在安全性上也会出现被掠取的问题。掠取是指，通过具有读取卡信息功能的读取装置，盗取磁卡上记录的账户号码等数据。因此，仅靠 IC 标签很难成为面向消费者的 C2C 的商业模式。

## 3.4.2　IoT 标签的基础设施代码"Logo Q"

### 3.4.2.1　IoT 标签所需的条件

在服务器上存有很多商品、零部件信息或个人信息的云时代，作为其入口的基础设施代码是 QR 码。QR 码的优点是可以简单地印在纸上。在每一个物品上，如果将具有独特信息的 QR 代码进行可变打印后粘贴到物品上，则分别成为具有互联网入口的物品，即为 IoT 标签。如果想将物品连接到因特网，只要在物品上贴上记载有因特网 URL 的 QR 码即可。

在 IoT 时代，以下是作为 IoT 标签的绝对条件：①不分人种，无论男女老少，谁都能看得懂，对世界友好的通用性标签代码；②不会被伪造仿照，可以放心使用的标签代码。也就是说，希望它是具有易懂的可视性和安全性的标签代码（图 3.69）。

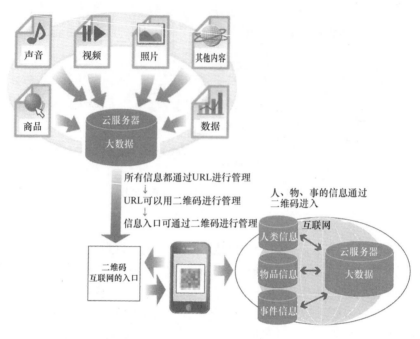

图 3.69　QR 码是信息基础设施的中心

### 3.4.2.2　Logo Q 代码的登场

作为谁都容易识别的、具有识别性的 IoT 标签代码之一，名为"Logo Q 代码"的商业产品备受关注。"Logo Q"是全色二维码的商品名，其生成技术，是将映入人眼的所有场景，根据光的颜色分解技术，最终将其单色 2 阶二维代码化（这里是 QR 码化），这是由多项专利技术形成的二维代码。理论上，可以对映入人眼中的所有物品和物体进行编码（图 3.70）。

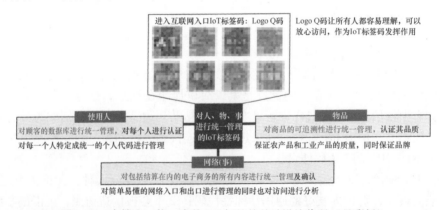

图 3.70　支撑人、物、事的 IoT 标签的基础设施代码（见彩插）

说起全色二维码，有必要了解色彩。世间万物，正是有了颜色才能认识其形态和存在。人要识别颜色，一定要有光。虽然这是理所当然的事情，但没有光，人就不能识别颜色和形状。这里所说的"光"是什么？是自然光，如太阳光或月光等，不是人造的光。人类从远古时代开始就在自然光中理解和判断颜色。要想生成全色的二维码，就要从分解这种自然光开始。

为了分解颜色，需要彩色印刷技术。彩色印刷技术的基础是从分解这种自然光开始的。人的视觉神经从光谱的波长来看，大致可以分解为长波长（红系）、中波长（绿系）、短波长（蓝系）这 3 个波长来判断颜色，也就是分为红、绿、蓝 3 种颜色（实际上，它们一边相互对应一边判断亮度和颜色）。

因此，可以用人工的红（R）、绿（G）、蓝（B）这 3 种光源色来近似表现人所看到的颜色。将这些颜色印刷在印刷物上时，会将 RGB 这三原色信息转换为印刷色的青色（C）、品红色（M）、黄色（Y）、黑色（Bk）这 4 种颜色信息。

RGB 是分别相加后变成白色的显色三原色，具有 RGB 的补色（混合后变成中和色的关系的色）关系的 CMY 是相加后变成黑色的色材的三原色。理论上，用 RGB 表现的颜色可以用 CMY 表现，但由于物理方面的原因或者质量、成本方面等原因，在印刷时，用在 CMY 中加入黑色（Bk ＝ Black 或 K ＝ Key Plate）墨的 CMYK 4 种颜色表示。

实际上，由于 RGB 和 CMYK 的色彩表现范围不同，所以不能将能用 RGB 表现的色域全部用 CMYK 的色域表现，能用 CMYK 表现的色域也不能全部用 RGB 的色域表现。这就需要先进的色彩管理技术。

单纯从 RGB 转换成 CMYK 的话，就不能保证将颜色作为"代码"来读取。但是，世界上出现的带有颜色的 QR 码，大部分都是单纯地进行颜色转换，因此如果要追求确定性，最好选择彩色管理生成的"Logo Q"。

作为发色的三原色的 RGB，通过控制 RGB 各自的光的强度来表现其多阶色度；但是在印刷的情况下，是在纸上上色还是不上色，即为 on 和 off 的二值化的世界。

彩色印刷技术是克服了如何从二值信息表现多层次感、具有高度专门知识的集成技术。印刷物通过在纸上印上点的方式来表现颜色和形状，这一点被称为"网点"。并且，为了在纸上色或不上色的二值化（2 阶色度）中附加多阶色调而需要考虑的是，对于 1 个网点能够以点的大小来表现色度性，即网点的面积色度技术（图 3.71）。

彩色印刷技术不仅如此。为了大量印刷，有必要制作基础的母版。制作母版的制版技术包括冲洗照片时使用的底片（黑白颠倒）功能、制作部分保护区域的遮蔽技术、为了添加小情节的边缘强调技术等。

作为全色 QR 码的 Logo Q 码是由上述多种彩色印刷技术层叠而成的，因此能够实现稳定的全色表现和读取保证，是非常可靠的代码。

### 3.4.2.3　Logo Q 代码的评价

以往的 QR 码只是单纯的黑白码，缺乏吸引眼球的效果。由于 Logo Q 码可将

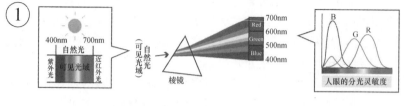

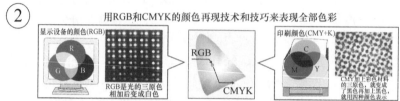

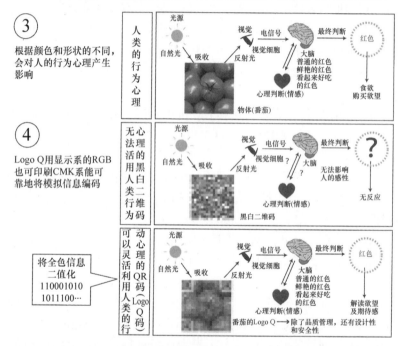

图 3.71　Logo Q 能够生成保证读取任何东西的设计性的 QR 代码（见彩插）

可视性赋予代码，因此解决了仅看黑白 QR 码无法想象信息内容等问题。

对于在 QR 码上附加了创新性的 Logo Q，实际用户究竟会对 QR 码的设计性有怎样的反应呢？

在德岛县夏季活动的调查结果如下。活动会场，以"儿童（小学生以下）""青壮年（中学生以上）""老人"为对象，让他们在下面图案中选择一个喜欢的设计：①图案设计的 QR 码；②文字设计的 QR 码；③符号标志的 QR 码；④黑白的 QR 码。调查结果显示：图案设计的 QR 码在每个年龄层都很受欢迎，文字设计的 QR 码随着年龄的增大，选择的人越多。插图和图案设计很受孩子们的欢迎，但年龄层越高，"文字"的设计就越容易理解。

在千叶县流山市举行的活动中，也进行了从 4 个图案中选择一个喜欢设计的调查：①图案设计的 QR 码；②彩色文字设计的 QR 码；③单色文字设计的 QR 码；④黑白 QR 码。调查结果显示：图案设计的 QR 码，"醒目""引人注目""让人开心""有亲切感"等肯定的意见较多；对于彩色的文字设计的 QR 码，有"文字会引起看的兴趣""嵌入文字易懂"等意见，"文字 + 彩色"的通俗易懂性也被充分肯定。由此可知，彩色及图案设计或者文字设计的 QR 码可以成为提高用户访问的因素。

某企业随着在线商店的建立，通过产品样本对企业进行了介绍。在促进会员注册方面，虽然有效利用了黑白 QR 码，但会员注册数一直没有增加，因此采用了文字设计的 QR 码。在商品目录处登载了"获利""中奖""免运费""抽奖"等 4 种文字设计的 QR 码，尝试通过对哪个文字设计的 QR 码的访问数多少进行了效果测定（图 3.72）。调查结果显示，来自"免运费"的访问量最多，电子邮件会员注册也有所增加，颇受好评。由此证明了根据诉求的文字

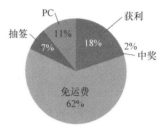

在文字设计方面，对更能理解代码内容的东西反应也比较好

图 3.72　代码内容越具体，点击率就越高（见彩插）

内容，访问数也会发生变动。对于想要登录网站的人，重要的是文字的内容能够给予诉求。

#### 3.4.2.4　QR 码的课题

在 IoT 时代，信息的安全性和可靠性非常重要。然而，QR 码在 ISO（International Organization for Standardization，国际标准化组织）的标准中也存在着 QR 码的课题：①不读取就不知道内容；②没有安全性，任何人都可以轻易地生成 QR 码。

因此，伴随 QR 码在世界范围内普及，伪造、篡改的 QR 码也会不断出现。为了防止这一现象，就需要不能伪造和仿制的 QR 码。

#### 3.4.2.5　防止伪造模仿的对策

让使用者一眼就能看穿是仿造品，这在缩短仿照品寿命方面是有效的。通过使用专用的读取装置，就能够识别出通过复印而仿造的东西。然而，这种手法在流通阶段和工厂等产品管理结构完备的环境中虽然有效，但由于没有视觉要素，摆在货架上时消费者很难判断真伪是一大难题。

伪造品和仿制品是人的行为，作为抑制仿制的手段，可以使用各种各样的方法，使其难以仿制。例如，在制造技术方面，通过工艺的精度和特殊的加工技术等，对能够制造出相同产品的人、环境、条件、寿命等方面加以制约。也可以使用特殊的难以获得的材料，使仿造变得困难。

所谓仿制品的寿命，是指发现仿制品之前的时间。如果在寿命周期内无法回收所花费的仿照费用，仿造者就会损失惨重。因此，使仿制的成本高、寿命短，就可能让人无法仿造。

制造业成本的主要因素是工具（制造装置）、材料、制作时间等，这在仿造上也是一样的。因此，把这些要素特殊化是有效的。产品包装由特殊的印刷技术、纸质、墨水等材料构成。印刷技术由定影在纸上时的颜色控制等各种技术要素构成。这种高级技术提高了仿制中的逆向工程的难度，值得花费更多的时间以及更多的费用在上面。制造设备和纸张、墨水等，如果使用特殊的产品，则很难获得，这将提高制造成本和增加仿制行为被发觉的概率。

### 3.4.2.6 伪造和仿造之外的危险性

QR 码的安全性问题不仅仅是防止仿制品流通。随着 QR 码的普及，利用 QR 码的各种不法行为也在增加，也出现了在正规的 QR 码上粘贴恶意 QR 码的案例。

读取 QR 码，虽然 URL 在设备的浏览器的画面被显示，但在移动设备浏览器中网页无法显示完整的情况时有发生，仅根据 URL 也难以判断其网站是否正确。如果使用 URL 的缩短服务，也难以知道最终到达目的地的地址。

如果在不知情的情况下访问被嵌入的网站，则有可能是隐藏着盗取个人认证信息的恶意软件的网站或钓鱼网站。与 PC 不同，移动设备还没有具备充分防止恶意软件的环境，受害案件逐年增加。

那么，怎么防止呢？如果设备方面的条件还不成熟的话，强化 QR 码入口是最快的方法。

### 3.4.2.7 安全 Logo Q 代码的出现

如果是外观相同的黑白 QR 码，即使该 QR 码配备了防伪功能，也无法通过外观区分，因此很难让用户识别。从外观上能够看出来是非常重要的。因此，出现了全色二维码的 Logo Q（图 3.73）。

图 3.73　仅 Logo Q 化就能抑制伪造、篡改

通过多项专利技术对 QR 码赋予创新的 Logo Q 码，与黑白 QR 码相比，生成难度更大，因此将起到抑制伪造和仿造的作用。如果"Logo Q 码是让人放心的代码"

这一事实得到认可的话，用户就可以安心地访问了。在实际运用上，通过将 QR 码进化到 Logo Q 码，可以抑制伪造和仿制，但在实际操作中，代码本身需要有不能伪造和仿制的架构。

Logo Q 码中有提高功能的名为"安全 Logo Q"的技术，这是将 QR 码中加密的信息作为隐藏信息附加的技术。数字数据一定有噪声（纠错）区域。在该区域中插入隐藏信息的专利技术被应用于 Logo Q 代码中。通过该技术，可以在不损害本来应该作为代码使用的区域的情况下，嵌入隐藏信息。如果不使用专用的读取系统，就无法发现其存在（图 3.74）。

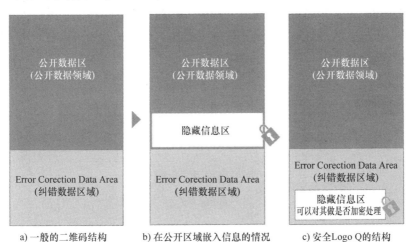

a）一般的二维码结构　　　b）在公开区域嵌入信息的情况　　　c）安全Logo Q的结构

图 3.74　安全 Logo Q 是在非公开区域中放入机密信息的技术——在 b）中将被公开的区域进行两层化，将加密后的区域作为隐匿信息，当密码被破解时，有可能出现大量的假代码；在 c）中是在非公开区域的任意区域内放入机密信息的技术，由于不容易知道嵌入何处，所以不必加密，并且即使加密密钥被破解，因为不知道嵌入方法，所以不会大量出现，另外还增加了创新性，所以安全度进一步提高

QR 码分为公开区域和非公开区域，非公开区域为纠错区域。在该区域的任意位置可插入隐藏信息。在非公开区域放入隐藏信息的架构，解密密钥和加密密钥不同，确保了高安全性。加密算法也可支持各企业所期望的加密强度级别，因此可提供相当牢固的安全二维码。由于将此应用于具有创新性的 Logo Q 代码中，安全性将进一步提高。

在解密时，可通过两种方式提供密钥，一个是自我认证型，另一个是服务器认证型。如果是自我认证型，即使在没有网络环境的地方也能使用，使用起来很方便。由于不需要准备服务器环境等大规模结构，也容易导入。

另一方面，也有在公开区域放入隐藏信息的架构，但这种方式有以下的问题：

● 为了在应该收纳实际数据的区域内放入隐藏信息，实际数据区域的信息量会减少。

● 由于解密的密钥设置在读取器一侧，所以密钥一旦被发现，就会被伪造，还可能会发行防篡改代码。

### 3.4.3 使用 IoT 标签的预想交通服务

#### 3.4.3.1 使用 QR 码的服务

在交通工具上使用 QR 码的优点是可以不分机种类别，使用普及的普通手机和智能手机等信息终端。随着智能手机的普及，QR 码本身也已经普及到全世界，非本土的海外游客也可以通过 QR 码轻松获得街道信息。

灵活使用重新定向的服务器架构，信息的更新也容易进行。在读取代码连接网站时，通过手机获取信息会对用户产生流量费用，但目前的通信普遍采用定额收费的方式，因此用户负担有所减轻（图 3.75）。

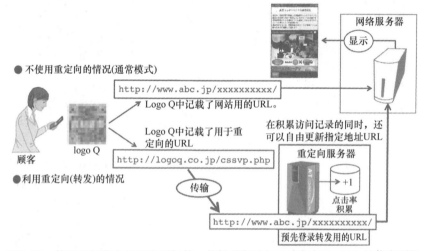

图 3.75　使用重新定向的服务器架构，能够进行访问日志解析和 URL 的信息更新

对于运行而言，虽说会产生服务器等的维护更新费用，但随着云服务器的普及，运行成本将变得较低，可以说具备了使用 QR 码的基础设施条件。

因此，这里需要考虑的是提供移动支持的信息服务系统。作为步行支持信息，除了需要到目的地的路线介绍信息之外，还考虑提供路线上的障碍信息（有无人行道、台阶、坡度等）。还需提供附近的公交车站、周边公共设施以及公交线路和乘车路线的介绍信息。

#### 3.4.3.2 日本国内旅行服务

文字是为了传达和记录说话的语言，是使用线和点形成的记号。但是，由于各个地区和国家的语言不同，要让所有人种，无论男女老少谁都能易懂地传达事物信息，光靠文字是有限的。

文字的起源在很多情况下，是将事物简略化后绘制的图像文字（Pictogram）。图像文字经过变形、抽象化、简化后最终形成了现在文字的形状。要想通俗易懂地表达事物,最好使用图画。用颜色和形状传达的方式主要用于铁路和机场等公共交通设施、主题公园和展会现场的向导,用视觉图形代替文字进行内容的传达,可直观地达到表现的目的。

在日本 1964 年第一次举办东京奥运会时,对于当时的日本的文化水平来说,用外语沟通是很难的,为了顺利地向外国人表达信息,由此开始开发了这种方式。

在 2020 年的第二次东京奥运会上,将能够使用在图片上附加光合功能的 IoT 标签技术进行应对。而且,不仅仅是将向导显示用的图形化设计 Logo Q 化,还可根据新的想法扩大应用范围。如果把每个国家的国旗设计成 QR 码(Flag QR),首先就可以想到用母语进行说明,因此容易愉快地受到外国人的访问。

### 3.4.3.3 作为防伪码的服务

考虑同时使用自我认证型和服务器认证型服务的情况,例如,在 Logo Q 代码的公开区域,不是分配登录网站的 URL 信息,而是编码后的任意文字;而预先记载的任意文字,可以是"请用专用读取器读取"这样的文字列,而不是 URL。在非公开区域埋入真伪判定用的隐秘信息,用市场上普及的通用 QR 码读取设备来读取 Logo Q 码,因为没有记载有网站的 URL 信息,所以不能连接到网站。只有使用了专门的读取应用程序才能了解其中的内容。

下载专用的读卡器应用程序,就可以读取对象的 Logo Q 代码。如果是被伪造、仿造的话,因为加密信息会消失,所以画面会显示是仿造品,无法访问网站。如果不是伪造、仿造的话,就可以登录当初指定的网站。收到信息的服务器一方,将发送来的代码信息内容与服务器数据库中存储的信息进行比较,如果认证通过的,就打开指定的网站或发送密码。

像以上这样对自我认证型和服务器认证型进行组合的话,就可能构建只有通过专用的程序读取正确的 Logo Q 代码才能真正接收到正确的信息的架构。如果能很好地利用这种保密安全性,只有相关人员才可以当场确认车检内容,确认相关的交通票证(图 3.76)。

虽然手机钱包搭载 IC 芯片的移动终端开始普及,但并不是所有的机型都配备。因此这在商业上是不完整的。然而,所有移动终端都只有一个共通的设备,那就是用于显示的"屏幕"。

通过在所有机型的屏幕上显示隐藏信息的 Logo Q 码,可以灵活使用交通票证和移动会员等功能。利用专用的读取器,如果没有伪造并且使用期限等信息也正确的话,就可以通过,如果不正确的话,就会被拒绝(图 3.77)。

如果是使用电子货币,则在安全性高的保密 Logo Q 上嵌入与一定金额相关联的 ID 代码。使用时,通过在屏幕上显示 Logo Q,并由专用读取器读取,将所需金额传送到服务器上。这可以通过保证 Logo Q 不会被伪造和仿造,来实现安全性。

### 3.4.3.4 有效利用隐秘信息的服务

隐秘信息不仅可以用于单纯的真伪判定,还可以积极有效地利用隐秘信息本

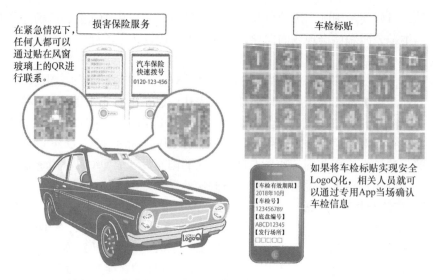

图 3.76　保密的 Logo Q 可以作为安全的 IoT 标签代码使用

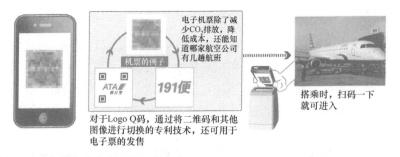

图 3.77　在所有移动终端共通的屏幕画面上显示 Logo Q，可以用到交通系统里

身。例如，制造厂商应可设想发生零部件召回的情况，企业内部可掌握产品的生产日期和生产线。

在这种情况下，可以在隐秘信息中嵌入生产日期和生产线等。对于普通用户来说，由于 Logo Q 的设计性，企业可以通过登录准备的网页来浏览。当发生召回时，企业可通过专用读取应用程序来读取与用户相同的 Logo Q，并根据隐秘信息中的记录，得知其生产日期和生产线。一旦得知了这个信息，就能追踪到产品有多少、去了哪里等信息，因此对应速度可以很快。

如果发生伪造品、仿制品流通或通过非正规渠道流通等问题时，企业将不会公开这些信息。因为正规的批发商和市场用户会感到不安，从而导致社会信用的降低。

企业方面可悄悄地通过专用读取应用程序读取与现场用户相同的 Logo Q，确认该商品的生产日期和生产线，并由此可以追踪原因，提前解决问题（图 3.78）。

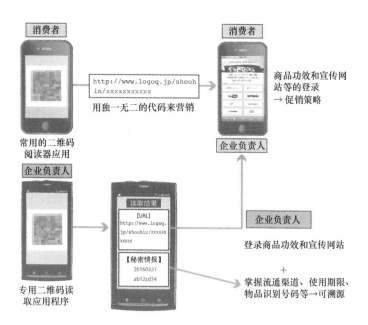

图 3.78　隐秘信息也可以用作发生情况下的追踪

### 3.4.3.5　用 1 个 IoT 标签瞄准 4 个效果的服务

安全 Logo Q 是男女老少都知道具有通用设计性的 IoT 标签，与此同时，其设计性使得其隐秘部分所含的代码信息可无限制地生成具有很多个独特的可变信息的 QR 码。由此可知，1 个 Logo Q 代码具有以下 4 个功能的 IoT 标签。

（1）后台管理

工厂生产的商品在仓库保管，如果有订单，就从仓库搬到物流线上，经由各批发商配送到各店铺。贴在商品上的 Logo Q 码的本身是很多个单独的 URL。比如像"http：//www. logoqnet. com/syouhin/XXXXXXXX/"这样的 URL，"XXXXXXXX"的部分成为一个个独特的代码。把这个管理好，从生产到配送、销售就都可以管理。虽然是 URL，但也包含了商品识别代码。由此，可实现仓库管理、物流管理等后台管理。

（2）面向用户的促销活动

用户购买商品，购买的用户就看到了 Logo Q 的设计，"效能""详细信息""调查问卷""要点"等文字和插图设计吸引了眼球，男女老少的用户都很容易访问。对于被 Logo Q 码吸引的用户来说，会用一般流通的通用的 QR 码读取程序来读取 Logo Q。这样，企业方面就可以引导用户、增加网站的访问机会。由此实现面向用户的促销活动的展开。

由于智能设备已普及到个人，可由 Logo Q 来诱导到问卷网站，进而取得个人信息，就能实现商品和顾客 1 对 1 的联系，如果能进行到结算的话，云服务又可以实现 POS 收款机的功能。

（3）市场营销的取得

Logo Q 一旦读取，就会连接到名为重新定向服务器的传输服务器。例如把"http：//www.logoqnet.com/syouhin/XXXXXXXX/"的 URL 都能传送到"http：//www.atcommunications.com/event"的程序架构的话，读取的人全部都会无缝连接到"http：//www.atcommunications.com/event/"。因为必须经由传送服务器，所以在这个服务器上可以统计每个单品的访问记录。

对每个单品了解到的信息如下：①经由 docomo/au/softbank 各运营商的登录数；②智能手机或老年手机的登录数；③Android 或 iPhone 系统的登录数；④各时间段、星期几、哪一天的登录数；⑤从智能手机的 GPS 的位置信息，可以知道大致的登录地点。通过以上信息，可以掌握从哪个渠道、什么商品、什么时候、在哪里销售等信息，从而实现营销数据的获取。

（4）跟踪数据的取得

由于隐秘信息也能够以很多个独特的信息进行输入，所以发生什么事的时候能够从隐秘信息中追踪物流路线等信息。例如，如果是 2015 年 10 月 15 日由 a–4 生产线生产的商品，则在隐秘信息中作为生产日期和生产线记载为"20151015a–4"。发生什么情况时，企业负责人通过专用读取程序，读取贴在陈列在店面的商品上的 Logo Q 码。从读取的隐秘信息中得到生产日期和生产线的信息，从中反向追踪，可以判明从哪个工厂、经由哪个批发商、在哪个店供应等信息，在普通用户不知道的情况下，提前做好应对措施。

像这样，Logo Q 就具有了"真伪判定功能"＋"追踪功能"＋"市场营销功能"，可能成为 IoT 标签的代码（图 3.79）。

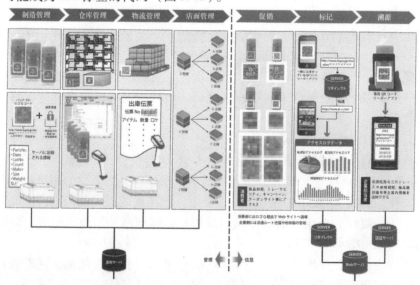

图 3.79　安全 Logo Q 是支持从制造到销售的下一代 IoT 标签代码（见彩插）

### 3.4.4　未来发展和应用的可能性

#### 3.4.4.1　作为机器人（自动驾驶汽车）工具的应用

　　汽车正在进入自动驾驶时代。但是，决定人的意志的过程还是人。人们可以通过自己的智能手机等移动终端，确定自己想去的目的地。目的地等确定后，通过智能手机内的自动生成应用程序将信息进行 Logo Q 化。生成的 Logo Q 是无法伪造、修改的安全代码。将所生成的 Logo Q 读入导航内，当 Logo Q 被读取时，根据所指示的信息进行导航处理。例如，在最短的时间内进行最佳路线选取。根据这一结果，无人驾驶汽车将可靠安全地执行导航处理后的指示，到达目的地（图 3.80）。

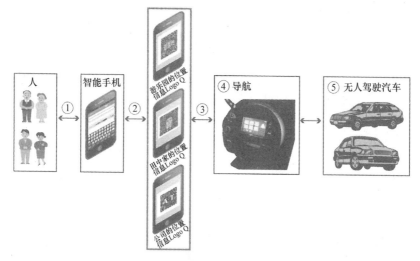

图 3.80　作为安全、简单、有效地操作机器人（汽车）的工具——
①人的意志决定的过程：人通过智能手机等决定自己的目的地；②将自己的意志编码（Logo Q 码化）：目的地等决定以后，该信息通过自动应用程序进行 Logo Q 码化，生成的 Logo Q 不能伪造篡改，具有安全性；③将 Logo Q 读入导航系统；④读取到的指示信息由导航系统进行处理（最短时间的最优路径等）；⑤有效安全地执行导航处理的指示从而到达目的地

　　这与机器人的操作是一样的。通过编码出想要指示的内容，让机器人读取，就可以控制操作。也就是说，可以用遥控器的开关操作相同的处理来应用 Logo Q 码，通过读取来控制动作的接通和断开。

#### 3.4.4.2　面向自主移动体的安全运用

　　为了实现自主移动体的安全运用，提出了 IoT 标签的使用方法。近年来，移动体的自动化不断发展，例如，便于飞行操作、便于从高空进行操作的小型无人直升机备受关注。虽然小型无人直升机作为兴趣爱好比较容易入手，但并不能担保其操纵人员的技能；而当小型无人直升机出现故障时，是否让它安全飞行，现状是只能依靠操纵人员的判断。

在这样的现状下，即使小型无人直升机的操纵人员没有恶意，但由于技能不成熟，或者是忽视了小型无人机的保养检查，或者是维护保养不充分，会造成小型无人机的坠落或碰撞到建筑物等。事实上可能造成巨大的人员和物资损失。

为了对其进行安全运用管理，需要综合管理操纵人员、飞机本身、飞行程序等可追溯性信息。也就是说，通过设置不满足一定条件就不能飞行这样的一类处理方法，来保证安全运行。

为了达到以上目的，对于小型无人直升机的操纵人员来说，通过颁发能证明操纵人员的身份和技能的执照（驾驶证），以及构建管理小型无人直升机的状态及飞行途径的"安全运用管理服务器"这样的中心服务器系统，显得很有必要（图 3.81）。

图 3.81　安全 Logo Q 作为对自主动体进行安全运用和管理的标签代码（见彩插）

运用流程的概要如下：安全运用管理服务器由基站 PC 通过网络向安全运用管理服务器发送"技能鉴定结业者 ID（许可证 ID）""机体制造 ID"及"控制装置 ID"等，从而进行安全运行管理。

为了回复是否允许小型无人直升机飞行的询问，需要从技能鉴定人员管理数据库中检测与技能鉴定人员 ID 对应的有关信息。同样，从机体制造管理的数据库中检测与机体制造 ID 对应的机体制造管理信息。从控制装置管理的数据库中分别检测与控制装置 ID 对应的控制装置的管理信息。

安全运用管理服务器根据机体及控制设备的管理信息以及与技能鉴定结业者相关的信息等，来判断小型无人直升机飞行是否满足其允许飞行条件。安全运用管理服务器在判断为"满足飞行条件"时，将"允许小型无人直升机飞行"的查询结果通过网络发送到基站的 PC 上。

大致上，如果能够形成这样的体系，就可以由此提供实现自主移动体的安全运用的"自主移动体管理系统"。这时的问题是，将技能鉴定结业者 ID、机体制造 ID、控制装置 ID 等信息安全、正确地传达给安全运用管理服务器。在该入口，利用安全 Logo Q 作为具有安全性的 IoT 标签。

在生产时，作为"机体制造 ID"，在每个机体上粘贴具有认证功能的对应的安全 Logo Q。利用预先安装在智能手机等移动终端上的"安全运用管理系统专用 App"上的安全 QR 码读取程序读取对象 Logo Q。如果该 Logo Q 不是被伪造、篡改的，则与记录有机密信息的 ID 号码一起连接到安全运用管理服务器。作为机体制造信息，主要包括型号及制造号码、机体组装企业名称、销售企业名称、所有者（所属）名称、寿命周期等。

控制装置也同样，每一台都贴上"控制装置 ID"。作为控制装置信息，主要包括单元编号、单元版本号、单元制造公司名称、批量号、个体编号等。由于这里是程序的一部分，因此还将管理固件版本、漏洞修正和功能添加等事项。

另一方面，操纵人员的身份或技能鉴定证明的技能实践信息包括公司名称、公司地址、姓名、出生年月日、地址、资格类别、机种类别、运用类别、机种型号、发行日期、有效期限等。这些信息将被记录在其中。

与这些信息相关联的 ID 号码，将通过安全 Logo Q 输入安全运用管理服务器，根据这些信息服务器做出最终判断。这时最重要的是，应用风险评估管理的思维方式构建安全评估点，最终，安全评价分数如果达不到合格分数将不能运行。

另外，兼具 3 个信息能够飞行的飞行日志管理也很重要，飞行次数、总启动时间、总飞行时间、装载的信息等也记录在安全运用管理服务器上。除飞行信息外，还将综合管理检查保养记录、废弃记录等。这些信息可以帮助分析异常、调整、避免故障等，用户也可以使用这些信息，这样信息被积累、共享，被灵活应用于各种事业。

在交通运输产业中，移动体自动化的发展是毋庸置疑的，但为了安全可靠地运行，应充分利用易懂且安全性高的 IoT 标签这一安全 Logo Q。

## 3.5　小型无人飞机和直升机的社会服务

本节将介绍说明与笔者进行了 8 年以上共同研究的松田笃志先生所从事的小型无人飞机、直升机的研究以及在社会服务中的应用。

### 3.5.1　无人驾驶飞机和直升机的需求和挑战

#### 3.5.1.1　无人航空器（UAV）的历史

无人航空器就是所谓的"飞行工具"，是作为军事技术诞生的。它起源于 1900 年左右，据说是第一次世界大战时的有线遥控空中鱼雷。广义上的 UAV（Unmanned aerial vehicle，无人航空器，以下用 UAV 表示无人驾驶飞机），始于第二次世界大战时的德国的 V1 及 V2 导弹，无论是战争时期还是战后的冷战期直至现在，各国都一直在不断开发巡航导弹和弹道导弹，作为战略上的重要武器。

此后，在 20 世纪 70 年代，开发并使用了大量价格相对低廉、有效用于军事训练的"目标无人机"（无人靶机）。当时说到 UAV，主要指的是无人侦察机，或者这种目标无人机。在这种用于训练的无人机的机体后面拖曳着"鲤鱼风筝"一样的幕布，用于武器的瞄准。

UAV 的民用化从 1980 年左右开始的。从世界范围来看，先行开始的是在无人机上装载摄像机等进行监视和电影摄影等工作。在日本，农林水产省着眼于无人机对农产品虫害的防治，花大力气进行了开发。在农林水产航空协会（航空防治的业界团体，现在是一般社团法人）里，因为当时的东京大学东昭教授的努力，对相关工作有了强有力的推进。东昭教授是蜻蜓等生物飞行问题研究的世界权威，在航空模型、人鸟仿生学等航空技术的推广方面做了大量的工作，可以说是日本在 UAV 方面的先驱者（在这本书中，还大量参考了东昭教授所著的《模型飞机和风的科学》）。在这种来自农业前沿的直接需求带动下，无人直升机的使用也渐渐普及。可能是画蛇添足，在日本利用载人直升机喷洒农药的最初实用化，是由中松博士所实施的。

使 UAV 的使用环境发生巨大变化的是 GPS（全球定位系统）的出现。在此之前，通常是在地面上设置用于导航的电波塔，通过接收来自多个电波塔的电波并进行定位的远程导航系统，来对无人机进行导航。由于只能定位该电波塔的电波接收范围的地方，所以它是范围被限定的系统。从 1990 年的下半年开始，美国发射了大量军事卫星，建立了能够在全球定位的架构，这就是 GPS。这一结构已向民间开放，可供成千上万用户使用。由于能够廉价方便地进行定位，极大地方便了 UAV 的位置控制。

另一个背景是社会的 IT 化、传感器及锂离子电池的进步。2010 年，美国的 Parrot 公司发布了最大限度地灵活应用这些技术而生产的廉价的多轴直升机。由此，过去只有有限的机构和人能够做到的"鸟瞰"，现在人们能够廉价地获得。这是扩展人的能力的划时代的商品，以中国为首，在各国雨后春笋般推出了同样的多轴直升机，确立了"空中飞翔的数码摄像机"的地位。由此创造出各种各样的价值和商机，可以说是站在了空中飞行的无人移动发展的出发点上。

图 3.82 简单地示出了无人航空器的历史。本资料由静冈理工科大学机械工学系特任讲师田村博先生提供。田村先生是无人机著名厂商 Hirobo 公司的技术董事，具有多款无人机开发的经验。

### 3.5.1.2　无止境的人类欲望和市场

所谓商业活动，就是通过满足顾客的欲望和要求而获得同等价值的活动。顾客越多，生意就会越大。关于 UAV，最初是由军事需求（远程侦察、远程攻击、训

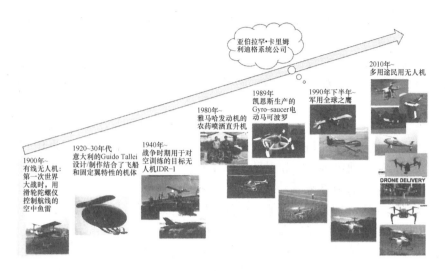

图 3.82　无人航空器的历史（来自于静冈理工大学

机械工学系特任讲师田村博先生的讲演资料）

练等）发展而来的。对于军事用途，由于不能从通用设计的观点进行评价，所以排除在外。民间的商业活动，是从 20 世纪 80 年代后期农业需求的普及而开始的（重体力劳动的减轻、散布效率的提高、精密农业等），逐渐扩大到远程调查（遥感、火山及原子能灾害调查等），其实用性在被应用的过程中，出现了电动多轴无人机，从此，可以进行天空（低空）作业的功能被广泛传播，并与需求联系在一起。作为一种平台的 UAV，其能力的进化和商业用途的扩大，潜藏着很大的可能性。当然，目前的工业用无人直升机事实上也存在很大的可能性，但这个产业用无人直升机 UAV 与电动多轴型 UAV 之间的负载、飞行性能和续航时间等有很大的差距，两者之间的中间区域的商品（平台）是不存在的。如果出现性价比适中的 UAV 平台，又有可能一下子扩展需求，衷心希望这样的平台出现。

### 3.5.1.3　现状和课题

近来，UAV 相关业务得益于电动多轴直升机的迅速普及，成长为被称为"空中产业革命"的市场。据了解，UAV 可广泛应用于从普通的兴趣爱好的用途到基础设施建设等所有的专业用途。就电动多轴直升机而言，尺寸和能力等平台（机体）的选择范围大幅扩大，使用门槛也显著降低。因此，要根据使用目的和飞行环境选择最合适的机体系统，要在充分的安全管理下完成任务。对于作为基本用途的兴趣爱好上，像以前的无线电无人机一样，有一定限制的飞行区和操纵人员的登记是必要的。一般财团法人日本无线电波安全协会，要求在注册为无线电无人机操纵人员的同时，自动加入无线电保险。空中飞行物有一不小心就会引发大型事故或灾害的危险，因此，作为成人的操作员最低限度的行为准则，是需要利用现有的有效架构进行规范。在安全的基础上，享受自己的兴趣爱好。

另外，在商业和公共活动中而运用的情况，需要更为严格的方针和运行组织的安全管理。在法人单位运行的情况下，所有的责任由运营的法人来负责。基本上，需要充分对运行主体进行危机管理，需要通过检查清单对运行进行充分的监视来实现安全管理。特别是在法人经营中，如果发生"新闻事件"的事故，就会被社会强迫退出，希望以这种严厉的方式，来完成任务。

另外，为了完成目标任务，在应用程序上应该事先调查好现场的状况和环境，准备必要的、充分的硬件和软件。虽说是无人机，但操作还是由人来操作的。虽说是自主装置，能自动保持稳定和引导，但任务的整体执行和安全管理由人来进行。因此，从通用设计的观点来看，最好是采用操作简单、不违背人的感性的综合系统，尽可能减少运用时的压力。笔者也曾用初期的无人机进行了遥感和火山观测的业务，但由于需要一直把握周围的状况、保证安全完成任务的重压，加上有可能发生机械故障的担忧等不同寻常的压力导致患上胃病，只能脱离团队从美国返回。无论是平台还是应用程序，都应该设计出目的明确、能够"轻松"操作的系统。后面要介绍的无线操纵直升机空中摄影的第一人，以前笔者的队友大高悦裕所说，"在现场需要左旋工具时，却带来了右旋工具"是最让人困惑的事情。任何失误都可能危及现场的生命。

## 3.5.2　无人驾驶航空技术的现状

### 3.5.2.1　无人驾驶飞机的基本技术

（1）飞行的基本技术

目前，载人飞行器实用化的机理可以相对容易地应用于小型 UAV 系统里。一般来说，尺寸减半，表面积为四分之一，体积为八分之一，因此尺寸越小，重量的比率相对越小，有利于克服重力和惯性力。然而，由于飞行需要利用空气升力，因此，尺寸越小，从空气中获得的升力的阻抗比率就越大，这一点需要注意。为了获得最佳效率，由于"尺寸"的不同，最佳形式和结构可能有较大的差异。其最优解对研究地球生命的进化过程也有启示。有趣的是，人类能够乘坐的飞行生物在很久以前就灭绝了，不管是具有最大升力的翼展为 2m 左右的大型鸟或更小的小鸟。进一步说，地球上飞翔最多的个体恐怕是昆虫。也就是说，在这个地球上最有效的飞翔形态有可能是这种飞翔的昆虫，认识到这一点是非常有趣的。这里简单地整理解说一下飞行技术。

1）产生升力的技术。无论是升力还是阻力原本都是从空气中受到的力（空气力），相对于空气流动的方向，与其直角方向的成分定义为升力，与之平行的成分定义为阻力，日常工作中人们总是这样定义和利用，并且它们的比率称为扬抗比（升力比）。人类通过发明多种多样的翼型剖面形式，实现了比昆虫和鸟类更卓越的扬抗比，实现了生物没有的高速飞行，这是人类独自的进化。如前所述，如果不断减小尺寸的话，扬抗比也会不断下降，能量效率就会较为低下。因此，在设计小型飞机时，要求具有小鸟或昆虫尺寸的气动设计。这个领域在载人飞机上几乎没有，很难说已经进行了充分的研究。笔者曾设计过雅马哈发动机公司的无人直升机"R－50"（图3.83）的旋翼结构。仅将主旋翼的剖面形式由载人飞机用翼型改为人力飞机用翼型，就提高了10%以上的升力。雷诺数是表示流体黏性和惯性力之比的数值，随着尺寸或流速变小，雷诺数也变小。概念上讲，该

图 3.83　雅马哈 R－50（来自雅马哈发动机公司的"R－50 产品样本"）

数值小，意味着流体黏性大，处于黏稠的流动状态。在未来，鸟类和昆虫的飞行机理研究可能会成为下一代小型 UAV 发展的突破口。

2）产生推力的技术。自然界的飞翔生物无一例外都是展翅飞行和滑翔。那是因为生物组织不能够进行旋转运动（往返旋转运动除外）。而通过往复运动实现推进的系统是翅翼。也许这个系统就是最适合鸟类和昆虫的推进系统。为了使更大的物体飞行，人类发明了利用旋转的翅膀产生推力（螺旋桨）。由此，人类获得了能够自由地控制小推力到大推力的机理。另外，针对高空、高功率，还衍生出了喷气推进、火箭推进等技术。正是有了这些技术，现在有了向地球以外运送物资的能力。

但实际的问题在于如何处理所需的能量。主流的方式是用能量密度非常高、价格相对廉价的化石燃料的发动机。对飞翔体来说，成为能源的燃料的能量密度是决定飞行时间（飞行距离）的基本参数，因此活塞发动机、喷气发动机、火箭发动机等内燃机的优势地位不可动摇。然而，由于近来锂离子电池的能量密度突飞猛进，在小型、短时的领域内比内燃机更高效。与内燃机相比，电动机结构简单、重量轻，另外，低速旋转时的驱动力（转矩）较大，更有利于操纵控制。因此，多轴无人机类型的小型 UAV 的动力将逐渐以电动为主流。

（2）导航的基本技术

说起遥控飞机，就会想起无线电遥控飞机和直升机。由于遥控飞机需要用肉眼观察机体情况，飞行范围局限在目视范围内。根据机体大小，其目视可操纵的距离会发生变化，但其范围大致为半径100m左右。因此，在半径100m左右的范围内有效的活动是近场的空中拍摄和散布农药。实际上 UAV 的事业就是从这里开始的。

为了远程遥控飞机飞行，需要基本的稳定飞行控制技术和导航技术，以便对既定的路线进行追踪。近来，通过利用 GPS 的导航系统，从可视外的自动飞行到异常时自动返回空间站的自主飞行等，使得飞行器的位置控制变得比较简单。支撑该技术的是，让机体本身稳定飞行的所谓"神经反射性"机体稳定控制技术，为移动的"运动神经"运动控制技术，以及为诱导到目的地的执行"意向和指令"的上位导航技术这三阶层组成的。再加上通信技术，形成了现代无人飞机控制技术的基础。

下面对 UAV 的要素技术进行整理解说。

1）机体稳定控制技术。机体稳定、能维持现在的状态，也就是说在前进的线路维持稳定保持持续的飞行，保持稳定的定常盘旋，对于直升机来说，在定点进行稳定的盘旋（空中停止）等是稳定控制的目的。飞机一般自立稳定性比较高，不需要特别高精度的传感器就可以进行一定程度的稳定控制。另一方面，由于直升机原本就是通过操纵创造稳定飞行的航空器，所以放手后进行定点盘旋、稳定水平飞行、稳定盘旋等并不容易。

初期无线操控的直升机（现在作为入门机和无人直升机在使用），在旋翼上装有成为稳定器锤或是兼做锤的翼舵面，利用其离心力，使得旋翼推力的方向稳定，保持机体的运动不发散。话虽如此，一般来说，大多数人能够操控飞行的原因是通过陀螺仪使偏航轴（机体的方向）稳定。最近上市的无线操控直升机中，也有很多没有配备稳定器的机型。图 3.84 表示当时用于说明无线直升机操纵原理的模型。这是为了让立在手掌、上端有锤的棒不倒下而保持平衡的操作。在棒快要倒下的方向上迅速移动手掌，这样就不会倒下了。无线控制直升机要求操作员进行如此神经质的操作。

图 3.84　直升机的稳定模型"手上的倒摆模型"

之后，随着分辨率非常高（精度好）、测量频率高（短时间内可测量大量数据）、价格低廉的高性能 3 轴陀螺仪、加速度计、气压高度计、地磁传感器等各种数字传感器的出现，可实现放手盘旋。因为，如果能实时正确地测量机体状态的话，用反馈控制使得稳定姿势并不难。姿态控制能预测到什么程度是控制系统开发工程师能力的显示。

2）运动控制技术。实际上，仅靠上述机体稳定控制技术就可实现自主飞行。这是一种故意破坏稳定的机体平衡，使其向所希望的方向移动的方法。当指令停止时，可以自动稳定地停车。用这个方法，机体的控制和上位的运动指令总是在飞行的过程中相互"打架"。这样就不能进行平滑高效的飞行。因此，产生了运动控制这一概念。读取所要求怎样飞行的指令，自动进行最佳操纵，实现目的飞行。笔者参与雅马哈发动机无人直升机的开发中，彻底研究了机体的运动特性，并在操纵意图方面嵌入了"机体按自己的想法做出反应"的控制算法。由此，兼顾了高稳定性和自由的操控性。由于该机体的主要目的是通过手动操作喷洒农药，操作人员能够自由操作的安心感与安全性息息相关。这种基本的运动控制的想法，可以让自主飞行成为主体，操作人员能轻松高效地工作。这是一种支撑流畅安全飞行的通用设计的思想。

3）导航技术。这是相当于汽车导航的路径向导功能、将指令传送给控制系统的功能以及通信技术三种功能的结合体。如上所述，GPS 的基本功能相当强大。如果是机体控制所需的精度，在机体一侧设置一台 GPS 传感器就可以获得数米精度的位置信息，从而实现稳定控制。在需要测量或需要位置信息系统联动的情况下，还可以与地面基站通信，相互校正，精度可从几厘米提高到几毫米的误差。利用从公共机构发出的校正信号进行校正，通过计数载波进行干涉定位等。在控制机体的同时，对于应用程序来说，GPS 的发展也是非常有意义的。UAV 任务飞跃发展的最大原因是可以通过 GPS 进行全球定位。以原来是美国军事卫星的 GPS 定位信息公开成民用方式为契机，位置信息在所有情况都可以使用。从军事战略出发，当初曾有意识地使误差信号（Selective availability，SA）精度恶化到 100m 左右，但于 2000 年 5 月解除了该措施，因此精度有了飞跃性的提高，在很多用途上都能确保所"使用"的精度。

一旦对目的地进行编程，就向机体的"运动神经系统控制"发出指令，以便准确地追踪其路径：起飞—向目的地巡航—接近目的地—到达目的地—执行任务—离开—返回巡航—接近地点—着陆等一系列的飞行模式。虽然要求各种飞行动作平稳、流畅、安全，但更重要的是如何保证安全、消耗燃料少、可靠地完成任务。通过什么样的算法及程序来实现，是工程师本领的关键所在。

另外，为了可靠地控制和监控远程驾驶的 UAV，必须提供稳定可靠的通信。需要机体系统的运行使用的通道和用途通道两个系统。一般来说，无线电控制装置使用中波段的模拟信号进行单向操作，但现在 2.4GHz 频段的扩展（与 WiFi 相同）也被允许使用。由此，操作电波和影像电波并存的系统得到广泛使用，考虑到对安全的冗余性时，这两个系统的线路应该独立比较好。用于用途的通信由于包含图像信息，一般都很大很重。在这些用途的通信中，本来就不应该对机体控制用电波的通信产生影响。虽然是思想问题，但我认为为了确保安全，这种失效保护的想法应该彻底贯彻。

机体控制用通信和图像等用途数据通信都是使用无线电波的法规约束对象。各国可以使用的频率带和调制方式，由于输出、限制内容等各有不同，必须根据目的和任务执行的地点使用正确授权的通信手段。一般来说，从国外进口的通信设备不符合日本的法规，如果使用这些通信设备就属于违法行为，因此必须注意。

军事用途一般使用军事专用线路，民用大多借用作为无线电控制许可的区域。如果是公共性较高的远距离运营，也可以向日本总务省申请强力专用电波，并可能获得许可。

### 3.5.2.2  无人驾驶飞机（UAV）的用途技术

由于 UAV 主要以军事侦察（或部分用于实际攻击）目的而诞生，所以很多无人机以其"侦察"（调查监视）为主要目的实现其商业化。在这种情况下，日本农林水产省考虑到能否利用 UAV 从空中喷洒农药而开始进行了研究。比较大的无人机还可以进行搬运作业等。因此，作为平台的 UAV 如果实际存在，对其有效利用就会产生相关的任务。这里就实际用途实现的技术整理如下。

（1）"看"的技术

从高空"看"即"鸟瞰"，是 UAV 任务中最基本的要素技术。其中之一是监视无人机本身（机体）及周围的状态显示器影像，以及调查目标的图像（包括视频和红外线摄像机等）等。前者的监测图像在可能的情况下，仅需足够的分辨率，以减少通信负荷，保证运行的安全。另一方面，对调查目标图像的要求则不断提高。笔者开始这项研究的 1998 年，静态影像中普通数码相机为 35 万像素（640×480 点）左右，当时高分辨率 100 万像素相机（1280×800 点）的价格为 140 万日元左右。至于视频，普通的便携式摄像机 NTSC 规格为 720×483 点，电视台用的高清摄像头为 1440×1080 点。但当时的高清摄像机却又大又重，仅凭摄像机这一点就占满了全部有效载荷。

此后，现在即使是 2400 万像素（6000×4000 点）单反照相机也能以 13 万日元以下的价格购买。即使是摄像机，现在的 4K 相机（4096×2160 点）约 900 万像素，至于即将实用化的 8K 将达到 8192×4320 点，约 3500 万像素。仅使用摄像机，从那里截取出静止画面就足够用的时代已经到来。每秒记录 30 张以上且如此高分辨率图像的摄像技术的进步令人惊叹。

随着摄影器材的不断提升，对安装它的机械设备的要求也变得特别高。直升机和飞机通过转子或螺旋桨的旋转机构来获得推力。旋转机械一定是会产生振动的装置。如果不能阻隔该振动传递到摄影器材上，图像就会产生模糊。最简单的方法是通过万向架使用橡胶或胶状的阻尼器的减振悬置，大多数万向架都具有这样的功能。但是，防振机构中一定存在频率特性，在某种条件下可发挥减振功能，但如果旋转次数改变或增加其他振动，则不能立即应对。像直升机一样，在依靠质量较大的主旋翼进行推力控制的机械中，单靠单纯的防振罩很难取得高分辨率静止图像。

与此相对，主动防振是目前的主流。最可靠的是通过测量振动的位移和方向，在影响相机的图像振动的相反方向上施加相反的移动使得图像保持稳定。当然，如果通过与照相机底座侧的防振机构进行混合，其防振功能很好地起到作用的话，成像效果也会很好。另外，也有对相机底座安装机械式主动悬架的方式，图像处理更轻松，频率跟随性更高。这一总体设计及搭载安装技巧直接左右任务完成的质量。也就是说，想要获得足够高质量的影像，就必须配备可靠的影像稳定器，需要选择某种程度的高功能 UAV。根据目的和用途，适当地选择能够搭载器材的平台（UAV），是能够按计划完成所规划任务的必要条件。

（2）"测量"技术

对于小型 UAV 来说，最能期待附加价值的领域就是这个"测量"任务。信息对于需要它的人和机构来说，具有很高的附加价值；另一方面，其重量基本上为零。只要把收集情报的机器的重量限定在该飞机有效载荷范围内，只要保持通信，在燃料的续驶里程内，就都能收集情报。典型例子就是无人侦察机。从技术上考虑，人类的五感（视觉、听觉、触觉、味觉、嗅觉）都可以委托给无人机。在某种意义上说，这是一种能够扩展人类可能性的技术。

关于视觉已在前文中进行了叙述，以下主要介绍称为"触觉"的测量技术。现阶段能够通过 UAV 进行测量的信息如下。

1）环境信息，包括温度、湿度、气压等。搭载对应的传感器，由数据记录和遥测技术构成，比较简单。

2）光学信息，包括图像、辐射温度、光谱辐射特性、反射特性（包含电波）等。而分校特性测量所需的测量仪器体积大且重，这是今后的课题。但这些测量得到的信息（资源探测、植被调查、放射线测量等所谓的遥感）是附加值相当高的领域，因此会产生很多的应用。图 3.85 所示是1999 年笔者参与的千叶大学本多研究室的遥感装置。通过机体下部的高分辨率的静态摄像机和机体后部由光纤

图 3.85　千叶大学本多研究室遥感观测用的自主 RMAX

捕捉到的光的光谱辐射特性的测量机器，通过自主飞行进行观测及提供信息。

3）位置信息测量为了远程高精度地控制 UAV 飞行，在机体上配备了相当高精度的惯性导航装置，利用该输出，通过测量以机体基准发出的激光和电波等反射回来的光，可以进行正确的测量。在 2015 年，在地面上可以一边行驶一边通过激光扫描仪同时进行扫描和拍摄静止图像，获取真实色彩信息的点群 3D 数据。但由于这是在地面上行走，所以不能取得所谓的"鸟瞰"数据。通过将飞机上的测量数据进行叠加，就可以实现完全的 3D 建模。

对于大范围的一体建模，很早就在载人飞机上装载测量仪器进行。如果一次获取大量数据，成本也相当低。但由于实机飞行高度在 150m 以上，精度难以提高。因此，对于要求高精度的用途，用 UAV 进行的近距离扫描相当有效。图 3.86 表示由 UAV 获取的高精度图像的例子。

（3）"作业"技术

对于 UAV 来说，"作业"指的是运送及其附带的装载和卸载等操作。目前世界上最普及的 UAV 作业是"喷洒农药"。在夏季最热的时候，农民背着灌满农药的喷雾器，自己身上也沾满药水徒步在田里一遍一遍进行喷雾防治，是一项艰巨的重体力劳动；现已由 UAV 成功地代替了。2015 年，日本约 30% 的农场采用无人直升机喷洒农药。初期用于喷洒农药的无人直升机只能携带 8L 左右的农药，但现在可以携带 16~20L 的农药，可有效地进行喷洒。

该任务由尽可能大的举升力（有效载荷）技术和向需要农药的地方喷洒准确量农药的技术构成。农药浓度低的话效果不理想，太高的话会发生药害和残留农药

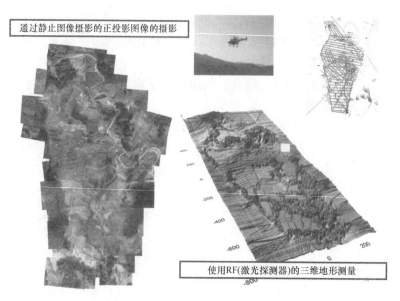

通过静止图像摄影的正投影图像的摄影

使用RF(激光探测器)的三维地形测量

图 3.86    激光扫描画像（见彩插）

的问题，所以要想办法提高降落分散精度。由于直升机振动形成复杂的下降气流（从旋翼上刮下来的风），药剂很容易附着到作物根部；并且由于该作用，向横向的无用飞散也很少，具有大型旋翼的直升机非常适合作为散布农药的机械，而这些在原来并不知晓。除此之外，利用 GPS 传感器与速度控制器联动，可自动调整散布液量，这一功能已经普遍化。其结果是，日本稻田中的农药喷洒具有相当高的品质和高精度，而且向喷洒对象以外的飞散也被设计到最小限度。

除了农药散布以外，在人无法接近或难以接近的地方设置观测机器的功用以及采集样品的用途也被期待。由于一般采用吊运的方式进行搬运，因此需要设置尽可能不摇动吊运物品的吊运稳定器和准确定位的卸载技术等。

此外，最近的多轴型 UAV 被大型邮购公司用于送货。这些邮政投递和物资投递等业务，特别对于山区和离岛等地的市民生活相当有用。另外，把必要的医疗物资和医疗用品送到现场等运送"物资"的方法和准确卸货的方法需要进行技术开发。最近已经开始讨论无人机送货和紧急时 AED 配送。在繁华街道及行人的上空进行快递送货，目前的多轴无人机仍不能确保安全，但在山区及离岛这些事故风险相对较低的地区中先行尝试通过显示器运行可能较好。

（4）"运用"技术

以上列举了与用途相关的基本技术，为了将这一领域作为社会的基础设施普及，最重要的课题是安全运行。在"飞必落"的大前提下，需要周密的危机管理运用技术。只有确保高安全性和可靠性，才能确立其作为公众认可的公共系统的地位。

在运用方面，根据今后的法规制度，可能会出现要求提交和批准飞行计划的情况，但作为理所当然的工作，必须事先制定周密的运行计划。只要事先进行运行模拟，进行风险评估，把握风险，就能防止很多失误和事故。像这样根据运行计划的精度和风险影响评价而得到的安全航运，可以称为安全运行技术。必须进行的最低程度的风险评价的代表性项目如下。

1) 关于机体等器材状态的安全管理。主要包括：①机体本身的维护和调整；②燃料或电池等的状态把握和管理；③确保通信设备和线路的稳定性；④紧急回避飞行性能的确认；⑤对被盗和黑客的危机管理。

2) 有关任务内容和运行环境的风险评估。主要包括：①任务的目的、飞行计划的事前研讨、现场的研究；②把握预定飞行路径的地形和障碍物，必要的滞空时间等风险因素；③紧急避难路径的应对计划和确认；④运行器材的计划和准备；⑤运行成员的分工和部署计划；⑥通信联络方法的稳定性的确认和团队精神。

3) 气象条件相关的风险评估。主要包括：①前后数日的气象图的确认；②本地地形和气象特性的把握；③运行时的气象及气流的预测。

4) 与操作员相关的安全、健康管理。主要包括：①操作员、监视器操作员以及其他运行人员的健康状态管理；②在运行期间运行人员的饮食、睡眠管理；③运行人员的心理健康管理。

与地面上的移动性不同，依靠空气升力的飞行器与空气的运动相互关联。任务执行管理者（首席）在进行了以上风险评估的基础上，要经常不断地掌握气象条件和周围的状况及其变化，必须有勇气和能力对任务的开始、终止及变更时机等作出各种各样的判断。许多事故，可以通过事前准备和运行中的判断来避免，但绝对安全是一种幻想。"飞的东西一定会掉下来"，但对于发生事故时能把损失降到最低而进行的基础训练和准备不能懈怠。从这个意义上讲应该做好最坏的准备。其水平表明运行技术的优劣，其业绩决定其在业界的地位。

最后，我想把危机管理这一术语的创造者佐佐淳行先生关于危机管理的格言放在这里——"危机管理的基本是悲观准备、乐观应对"。如果做了最坏的打算，做了万全的准备，就可以轻松地进行安全运行。以这一富有启发性格言，作为本节的结束语。

### 3.5.3　有效利用小型无人飞机的服务

在这一节中，将介绍目前作为商业活动运营的小型 UAV 的应用服务。

（1）农业领域

这可能是除军事以外的小型 UAV 商业化的最大市场。作为先驱者的雅马哈发动机，自 1983 年开始开发以来，经过 30 年的时间更新了日本水稻农药喷洒的常识（图 3.87）。对于日益老龄化的生产农户来说，防病除害是一个相当大的负担。从无人直升机喷洒农药的卓越效率来看是一目了然（图 3.88），可以说是省力化、低成本化的"决定版"。如前项所述，直升机均匀高效地喷洒药剂的目标虽然是在偶然情况下获得的，但没有其他系统能如此适合。如此必然性和普遍性高的商业应用预计今后会强力地扩大到播种和育种管理的其他领域。从世界粮食安全保障的观点来看，听说有很多外国来打听该技术，因此可以认为是世界上相当有前途的商业应用。

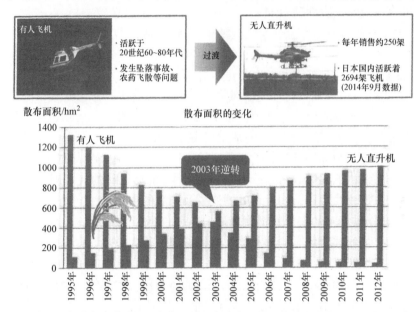

图 3.87　由无人机进行农药喷洒的变化（首相官邸实证特区检讨会中雅马哈发动机的资料）

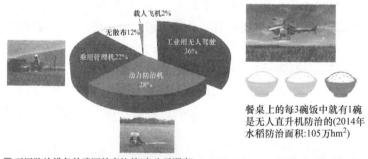

餐桌上的每 3 碗饭中就有 1 碗是无人直升机防治的（2014 年水稻防治面积：105 万 hm²）

■不同防治设备的喷洒效率比较(本公司调查)

| 防治设备(形态) | 每公顷的喷洒时间 |
| --- | --- |
| 工业用无人直升机 | 10min |
| 动力防治机 | 160min |
| 专用管理机 | 60min |

图 3.88　无人机进行农药喷洒的效率（首相官邸实证特区检讨会中雅马哈发动机的资料）

（2）测量领域

这个领域是从比较早的阶段就开始商业化的领域。20 世纪 80 年代使用无线操控的直升机，主要以遗迹发掘现场上空的空中摄影和现场摄影等现场记录摄影为中心。此后，随着高分辨率照相机和激光探测仪等测量器材的小型轻量化，以及有效载荷大的 UAV 的出现，航空测量业务成为可能。谷歌公司的 Google Map 是在全球范围内使用配备超广角摄像头和激光探头的谷歌汽车采集到的沿线图像（街景），但由于汽车是在地面上行驶，高处成为死角，无法采集到数据。谷歌虽然在地图上显示人造卫星图像，但分辨率较低。可以考虑通过 UAV 的扫描来进行完善。目前还没有对坠落或冲突的风险进行有效防止的架构，因此通过在山岳地带、海岸和河流上空飞行，获取沿岸的数据等，可以构建详细地形数字地图及高精度 GIS（地理信息系统），这样的商业应用将被期待。GIS 是地球上的坐标与各种各样的信息相连接的数据库，身边地方的汽车导航系统的数据库和各种调查等链接成战略地理信息、防灾信息、营销等具有广范围和高附加价值的资源，从数据库的建立到运用这一广泛范围的商机，都可能是 UAV 的业务。

（3）娱乐领域

小型 UAV 最擅长的领域可以说是空中拍摄。包括目前的多轴直升机，大部分 UAV 都配备了摄像头。从爱好到商业，"鸟瞰" 的需求非常高。将其视为商业现象的空中摄影的起源是电影。1995 年，奥地利 Schiebel 公司推出了专门用于此目的的名为 "Kamcoptor" 的飞行照相直升机，目前已实现大型化，总重量 200kg、有效载荷约 50kg 的 "Kamkopta S - 100"，适用于包括军事在内的广泛用途。

近来，随着小型高分辨率摄像机的普及，在电视节目的制作中被广泛使用。从多轴直升机的简易空中摄影，到具有图像稳定器（基座和数字图像处理）的高品质的无线操控空中摄影，以及使用工业无人驾驶直升机进行远距离观测影像的广泛需求都得到了合理的回应。以前是新闻制作为主，如今空中摄影在电视剧制作等方面也被广泛使用。但是，急剧扩大的多轴直升机的空中摄影图像有商品价值降低的倾向。作为商业领域来说，具有卓越的画像鲜明性和流畅性的影像系统，

图 3.89　高清拍摄用 UAV
平台（大高悦裕提供）

考虑构图的巧妙的操纵技术，作为整个影像品质的高低以及运行安全实绩，将决定其 "附加价值"。今后随着视频分辨率不断提高变为 4K～8K，不会让人产生误解的高品质的空中摄影影像需求会增加。操作人员必须精通包括适当的安全管理在内的操作技术，以及作为摄影师的摄影技术。图 3.89 示出了最适合于高清电视广播拍摄的最新无线操控 UAV。该机体为获得高分辨率 4K 影像，对机器进行调谐以使旋转部产生的振动最小化。基于该机型的业主兼操作员大高先生的良好操纵感觉和较高的安全管理意识，大型纪录片和电视剧等的外景拍摄很多都会用到它。

（4）物流领域

早在 20 世纪 80 年代，雅马哈发动机公司就已经讨论过作为 UAV 用途的"看""播""运"的概念。当时 UAV 作为民用的运营成本不便宜，使得其作为"运输"工作的范围较窄，仅仅讨论过电力公司供电线路铺设所需的调查，以及输电线导索的架设施工、建设铁塔的器材运输等。正好当时发生了奥姆真理教的沙林事件，运用 UAV 进行毒气等"运输""散布"等反社会用途的危险性被扩大，要求运输的货物应该具有社会性责任，因此在物流领域的门槛变得更高。除了作为观测调查项目环节的调查器材的搬运和设置相关的业务外，在物流领域的 UAV 业务尚未全面开展。从通用设计社会的观点来看，向山区和离岛的居民（多为老年人）提供与城市年轻人相同的社会服务的趋势今后一定会提高。随着互联网的普及，信息（数字）领域的通用化程度不断提高，但在物质（模拟）世界中，边远地区与城市的距离仍未缩短。首先希望从需求较高的"医疗及医药品""生活必需品""生鲜食品"等所有与生命相关的配送业务开始展开。

图 3.90 表示关于 UAV 相关的"看""播""运"的矩阵资料。其中还新提出了"OPV（Optionally piloted vehicle）"这一概念。这是在需要有效载荷较大用途时，实现载人飞机无人操控的无人运行的概念，可称为"大型无人驾驶飞机"。与自动驾驶汽车普及一样，这也是今后有望开发的领域。

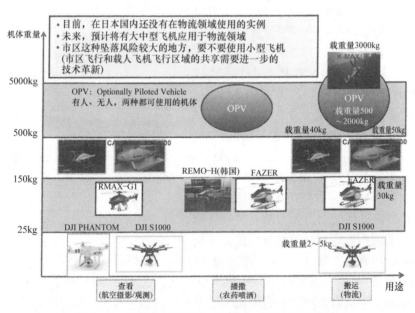

图 3.90　对无人驾驶飞机"运输"功能的灵活使用

（5）基础设施领域

作为社会资本领域的业务，"基础设施"的业务可以设想为在一般公共事业中进行测量和老化调查等，实际上已经开始大量使用 UAV。在除此以外的领域中，最近备受关注的 UAV 是以前已经开始讨论过的信息通信转播系统。固定翼型 UAV 受大气的影响比较少，在相当高的高度（平流层）用太阳能电池或燃料电池可长时间持续飞行，能够承担通信转播基站的作用，谷歌公司已经发布了收购开发这种产品公司的新闻。在 SNS 上有名的 Facebook 也发表了开发同类 UAV 的消息。在网络商务中担当通信骨干或运营商不仅"有利可图"，而且在社会战略上非常重要，因此各国都在进行研究。

技术上被称为"平流层平台"在高空运用时，由于是如前所述的低雷诺数领域的飞行器，因此起降时需要像一般的 UAV 一样，而高空运用时需要具有昆虫特点的气动 UAV 的特征，要满足这两者的性能是较为困难的。这与太阳能飞机的研究开发一样，是现在比较时新的领域。图 3.91 表示不同高度的 UAV 能够覆盖的范围。一般而言，随着高空运用的高度增高，需要机体大型化，这在商业上运用还需要一段时间。

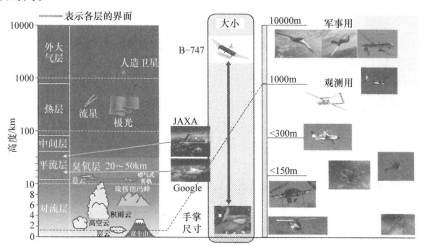

图 3.91　不同高度 UAV 的覆盖范围静冈理科大学
机械工学系特任讲师（田村博先生的讲演资料）

### 3.5.4　未来发展和应用的可能性

UAV 业务当然会随着航空技术的发展而发展。与从开发到实用需要近 10 年时间的载人飞机不同，无人飞机可以在较早的开发阶段实现实用化。笔者目前所关注的 UAV 基础技术有以下两点。在这一章的结尾，想简单地说一下面向未来的方向。

一个是前面也说过的，昆虫类型的超小型 UAV。现在成为主流的多轴型 UAV 虽然比以前小型化了，但仍然很大。如果坠落的话，损失和危害还相当大。如果是最大也只有网球大小的软性 UAV，例如在开车行驶中飞过去看看前面的情况，或者想看前面的情况时就很方便。最近虽然可以利用智能手机的地图应用进行导航，但有关拥堵信息和偏僻小路信息等实时性信息的滞后，很多时候还是会损失不少时间。显然，对于能够轻松安全地获得实时"鸟瞰"的商品服务的需求相当高。

另一种是垂直起飞/着陆的固定翼型 UAV。现在的 UAV 所要求的任务多是空中停止或低速移动，然而这种飞行的能源效率相当低。利用目前多用途飞行器的电池容量，能使固定翼飞机飞行时间增加数倍。在飞行方面，主翼（固定翼）的效率比旋转翼卓越。

另外，在 UAV 的运用上，要求在任何地方都能轻松起降。可以说垂直起降固定翼型 UAV 实际上是效率最高的 UAV。现在的固定翼垂直起降飞机以部署在冲绳的美军的"鱼鹰"最为有名。它的主翼是固定的，只有螺旋桨（旋翼）能够从上向前倾斜。这是一种被称为"倾斜旋翼机"的形式，是一种接近固定翼飞机原理的直升机。由于对于载人飞机来说，可靠性应最优先，所以倾斜主翼对于机械可靠性来说有一定风险。因此，这是一种仅使旋翼倾斜的方法。

另一方面，作为 UAV 考虑的是能够将螺旋桨和主翼一体倾斜的"倾斜翼"形式的飞机。由于主翼和螺旋桨是倾斜的构造，无论在什么角度，主翼作为机翼工作的结果，是能够产生相当稳定和较大的升力。以 JAXA（宇宙航空研究开发机构）为首的数家公司正在研究开发让固定翼飞机结合多轴直升机的方案，这是名为"QTW（Quad tilt wing）"的新形式。笔者也是开发团队的一员，图 3.92 是笔者在开发初期绘制的构思草图。

该系统一旦实现，就能从狭窄的地方垂直起飞，用较少的能量高速移动到目的地，在目的地完成悬停和低速飞行任务，然后高速返回。也就是说，作为理想的新一代 UAV 平台有望实现实用化。

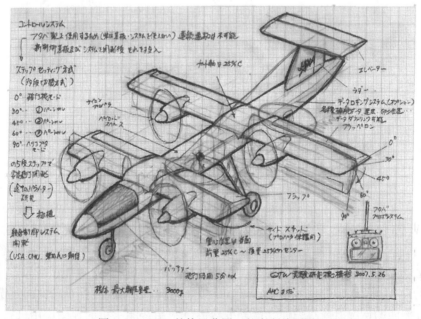

图 3.92　QTW 的构思草图（笔者所绘原图）

# 第 4 章
## 未来的交通运输服务

在前文中介绍了为提高社会友好度和服务水平而进行的交通物流环境革新的研究案例和实际案例。接下来，将以这些成果为基础，就未来的交通运输服务远景做一下描绘。

## 4.1 车辆进入建筑物内部

现在，对于电动车辆能够抑制排放和噪声，今后其应用范围将会不断扩大，应该没有什么人会有不同意见。这种不产生废气和噪声的优点使之可以进入建筑物中，具有创新性的应用方式。而以前的车辆因为有排放和噪声，很难进入建筑物内部。

公共交通车辆进入建筑物的革新事例是 1994 年京都市交通局将市公交车的乌丸营业所完全地下化。鸟丸营业所将车辆维修保养场及与之相邻的北大路汽车公交总站改变成一体地下式的结构。即从车库出库的汽车在地下相邻的北大路汽车公交总站（北大路站）让乘客上车，然后驶向地面（图 4.1）。这样一来，同在地下的地铁北大路站和北大路汽车公交总站之间的换乘就很方便。地下汽车终点站与车辆维修保养场设置在统一地点的方式在当时日本国内是史无前例的，直到现在，在日本国内仍被作为革新性的设计案例来介绍。但是，为了解决排气充满地下的问题，需要设置很多排气管，并且采用了只有当汽车到达终点站时，才打开停靠站的安全门的车站构造；另外在下车的地方需要设置空气窗帘等，需花费巨额的设备费用。这一方案的结果是，公交总站内的空气中 $NO_x$ 浓度降至 $0.03 \times 10^{-6}$，候车厅和维修场则降至 $3 \times 10^{-6}$。但其性价比并不是很高，是个需要研究的课题。

如果将电动汽车用于公交系统，就可大大削减汽车尾气和噪声，虽然车辆的初期成本会较高，但候车室、车库内的基础设施的成本可以大幅削减。2011 年对试乘电动全平板低地板汽车的 380 名观察者，就利用电动汽车的特性向建筑物内延伸的评价作了调查，大多数给予了相当大的期待。这并不仅仅是单纯的改善希望，因为调查发现，如果汽车能够向车站内部等地延伸而使换乘阻力变小，人们则愿意平均增加现行运费约 30%。也就是说，市民愿意支付一定的费用来期待改善。

公共汽车原则上应在《公路法》及《公路运输法》规定的道路上行驶。载客汽车在道路以外行驶，只允许在汽车客运站法规定的公共汽车站内。这些道路以及汽车客运站的构造，在《公路构造令》和《汽车客运站法》施行规则中有详细规定。不过，法令上并没有明确禁止在这些以外的地方行驶。但现实问题是，申请公交业务时很难获得批准。当然，对于在机场、车站等建筑物内运行的公交车，在这些区间内必须具备与道路、汽车客运站相同的结构和安全措施。

图 4.1 将车辆维修保养场、汽车总站、车库一体化的地下北大路汽车总站
（京都市交通局乌丸营业所）

根据现行法律制度，对于向建筑物内延伸的公共汽车，需要进行大规模的改装以符合法律程序。但如果实现的话，利用汽车公交的人数可能会进一步增加，还可实现环保设计和通用设计的融合，提高移动性水平，可营造服务度高的公共交通环境，改善意义重大。

在一般在商业设施中，私家车停车场和汽车公交站哪个靠近入口据说是决定客流量胜负的关键。进入老龄化社会，整个社会需要更便于移动的商业设施。实际上，商业设施业主已经在想尽办法使移动障碍最小化。要定量地进行实验验证虽然很难，但交通工具（公交车和私家车等）下车的地点到建筑物的入口的距离较近被认为非常重要。现有的事例表明，移动障碍小会导致顾客增加（图 4.2、

图 4.2 电动公交车进入购物中心的示意图——今后可能就不用提着购物袋去
很远的公交车站了，减小了换乘的阻力

图 4.3 ）。

　　考虑到这一点，电动汽车进入建筑物内的好处就显现出来了。不仅是商业设施，如果在车站的检票口和机场的登机柜台前都有公交，将会大大减少移动阻碍。如果行李多的话，就会感到更加可贵。如果能减少提着行李走长路，那多方便呀。

图 4.3　无排放和噪声的电动汽车——不仅可以进入建筑物内，还可以进入公园内等至今难以进入的空间。也就是说，它有可能大大改变建筑、室内室外空间和交通空间的接口，甚至改变城市生活者的生活质量，扩大了电动汽车的应用范围。近年来，来自建筑界的人士到笔者这里咨询的也在增加，建筑界方面也对电动汽车的可能性抱有很大的关心

　　另外，即使不向建筑物内延伸，将柴油车改为电动低地板全平板客车，也将产生多种效果。即使在室内的公共汽车站和隧道通行时也不会产生尾气，因此排气设备的成本降低，伴随着烟尘的清扫以及维护成本的削减等效果也较显著。公交总站的候车室不用玻璃隔断，开放式的结构会给人一种明亮、干净的印象，也可以成为人们交流、小休的空间。这样的变化也将成为促进公交车被更多利用的主要原因，值得期待及改善。

　　前面介绍了容易理解的公交车电动化的效果，如果从公共性高的公交车开始，出租车，甚至私家车都能实现电动，能够进入建筑物内的话，就可实现全方位设计和环保设计的融合。当然，社会的服务程度也会提高，这是移动性社会的一大革新。

## 4.2　提高医疗质量的交通运输服务

　　如前文所述，在医院内自动驾驶的患者移动支援车辆的试制开发已经取得了一定的成果，今后很有可能成为被认为是理所应当的产品。例如，从 JR 中央线信浓町站的检票口出来，过了红绿灯就是庆应义塾大学医院的入口。为了减少移动负

担，JR 东日本方面向庆应义塾大学捐赠了轮椅，用于往返于医院与车站出口之间（图 4.4）。从车站这边看，过了红绿灯就是医院，感觉距离非常短。但事实上还有很多人觉得移动障碍大。笔者曾设想，让患者在检票口换乘前文介绍的具有自动驾驶功能的患者搬运车，自动进入医院的入口（可通过识别 Logo Q 进行个人认证、办理挂号），可以坐在自动搬运车上移动，直至完成整个缴费过程。这样，患者在搬运车里到所需的诊疗科和检查室，再通过 Logo Q 进行个人认证和信用卡结算；如果再乘坐着车回到信浓町站，就能在很大程度上削减患者感受到的移动障碍。

此外，在医院方面，使用电动车辆还有其他诸多好处。一个令人期待的领域是电动救护车。现在使用的都是采用内燃机的救护车，由于停车点到急救室的移动距离很长，在争分夺秒的情况下，很难尽快即时把患者送进急救室。届时如果是电动救护车，就可以把病人送到急救室最近的地方。也许这就能救命，也就是与医疗质量密切相关。

特别是用于医疗领域的厢式车辆，将充分发挥集成底盘的电动汽车独有的优势。通过直接驱动的电机，可以减少能量的传递损耗，提高一次充电的续驶里程。另外，由于地板下安装有电池、逆变器、电机，因此整体为平面地板，可确保车厢空间的最大化。另外，还可增加相关人员的乘车人数，扩大护理医疗器械的装载容积，应用范围可扩大到医院的接送车及检查诊断车辆、救护车以及单人移动支援车（图 4.5）。

图 4.4　JR 东日本向庆应义塾大学医院赠送的轮椅是为了方便去医院的人员使用

● 大型集成底盘可扩展为 X 光检查诊断车、医院路线公交车等（例如前文所述大型低地板全平板公交车）。

● 中型集成底盘可扩展为救护车、物品搬运车、接送车等。

● 小型集成底盘可扩展为单人移动支援车、小型物品货车等（例如前面提到的类似的带有自动驾驶功能的小型电动车辆的应用）。

如果准备了以上三种类型的集成底盘，进行车身变化扩展，则有各种各样的可能性。

图 4.5　基于集成底盘的车体变更案例——如果更换中型集成底盘的车体，
则可用于医院的接送车、救护车、物品搬运车辆等，如果这些设备能进入医院，
移动和物流的阻力就会减小

## **4.3**　**自动驾驶技术带来的好处**

　　前文已经介绍了医院内自动驾驶的患者移动支援系统，今后的社会就像新闻媒体已经报道的那样，无论室内还是室外都将迎来自动驾驶的时代。如果能够实现私家车的自动驾驶，那么无法取得驾照的未成年人、正在被要求吊销驾照的老年人以及难以取得驾照的残疾人，只要指定地点，坐在车里就可以到达目的地。这是终极的无人驾驶形态，但就目前的无人驾驶环境而言，研究和技术开发已进行到一定阶段，而法律制度的完善还处于滞后状态。但是，从 2014 年前后开始，社会科学系统的交通研究人员和法律专家的呼声越来越大，认为应该进行法律制度方面的讨论和完善。在现实中，没有法律制度保证，技术普及也就没有意义。

　　法律制度方面指出最多的问题是"完全的自动驾驶究竟由谁来负责"。事故发生时的责任只推给厂家就可以了吗？车主和乘坐的人可能也有责任。仅从现有的法律来看，不可避免地需要对包括《制造物责任法》《道路交通法》《刑法》在内的法律进行综合讨论以及重新完善。而且，即使法律制度方面得到了完善，在发生人身事故时，受害者又该向谁发泄不满、该找谁商量呢？不仅是制度问题，还有价值观问题。国民之间的讨论和达成共识需要花费大量的时间。另外还会产生保险的问题，无人驾驶汽车的保险费率如何制定？另外，相关股票应该如何设定？实际情况是，必须讨论的事情如上所述太多了。

　　在无人驾驶问题上，需要讨论技术、价值观、制度这些社会构成的三要素之间的平衡。应该从跨学科的立场进行研究和实际应用。

　　话虽如此，如果应用于公共交通的话，各种可能性将会扩大。例如，如果像行驶在东京新桥的"百合海鸥"那样不需要驾驶员的公交车，就可以在相当程度上削减占运费收入 80% 以上的人工费。如果采用列队行驶的技术，驾驶员只在各个住宅区进行驾驶，在主干道上可能出现无人驾驶 BRT（快速公交）+自动驾驶的情况。因此，如果能够确保路面有轨电车所具有的中等程度运输能力的话，对于现在的 LRT 的讨论也将是一种冲击。实际上，从有轨电车每行驶 1km 的运输成本（营业费用）来看，与路线公交车的 433 日元相比，有轨电车的成本约为 2 倍（845 日元）。即使去掉了人工费，这种差距是显而易见的（JR 等电车的票价是 680 日元）。另外，有轨电车的维修费也比较高。

1）电站、架线等设备费用昂贵。车辆替换工作没有进展，旧零件的采购成本很高。

2）对电机通电时间长，惯性运行较少，驱动及惯性运行的反复，可使得运行里程增加，但加速机会多会导致电力消耗增加。

3）低速度运行成为常态，将使得乘务员每小时的生产率降低。

考虑到这些因素，笔者认为有必要将中量输送系统从有轨电车和 LRT 的讨论转移到采用自动驾驶（图 4.6）和列队行驶方式（图 4.7）的公交车辆的讨论。

图 4.6　丰田汽车公司在 2005 年爱·地球博览会（在爱知县举办）的会场内的移动手段投入使用——这是使用最新的 ITS 技术，在专用道上实现无人自动驾驶和列队行驶，在普通道路上与普通公交车一样，通过手动操作单独行驶的一种新型交通系统。它兼有 LRT 这样的轨道中量交通系统的准时性、高速性和运力与路线公交车的经济性、灵活性，在爱·地球博览会之后，作为未来公交车的形象也备受关注

图 4.7　说不定哪一天，这种公交车的列队行驶和自动驾驶的时代就会到来——在干线道路和住宅区区域之间进行连接或断开的操作，在主干道路上连接起来进行列队行驶、自动驾驶，在住宅区也可以像普通公交车一样有人驾驶，灵活运行

## 4.4 改变公共交通车辆的蓄电池技术

笔者在庆应义塾大学时，就参与了 JR 东日本关于蓄电池铁路车辆的基础研究。那段时间是电动汽车相关的研究人员和铁路运营商进行的跨文化交流式的产学研共同研究的时期。当时，笔者正在研究前文所述的电动全平板低地板客车，与 JR 方面讨论是否可以将这一成果应用于非电气化区间的车辆。

当然，我们的研究讨论是在 2010 年前后进行的，虽然是基础中的基础，但使用蓄电池的铁路车辆的开发取得了进展。从 2014 年开始，JR 东日本开发的蓄电池驱动电车"ACCUM"开始在栃木县的非电气化区间鸟山线运营。这款蓄电池列车如图 4.8 所示，受电弓在有架线的地方进行集电并给蓄电池充电，在非电气化区间则利用蓄电池的电力行驶。具体来说，在电气化区间的宇都宫—宝积寺之间，将使用受电弓从架线进行集电，一边行驶一边给蓄电池充电，在非电气化区间的宝积寺—鸟山间使用蓄电池的电力驱动电动机行驶。鸟山线实际上是在宝积寺和鸟山之间，这是很好地利用了蓄电池列车运行路线；到目前为止，一直经由电气化区间的宇都宫线行驶到核心城市宇都宫。将来，即使不运行电气化区段的线路，也有望仅利用储存的电能行驶。ACCUM 的车厢地板下配置了高性能蓄电池，并集成了空调用电源、电机及其控制装置等。从这一观点来看，与笔者参与研究的集成底盘型电动客车的相似性较高，今后蓄电池列车与电动客车的一体化生产有望降低成本（图 4.9 ~图 4.11）。

图 4.8 JR 东日本在栃木县鸟山线投入的架线式蓄电池车辆 ACCUM——随着蓄电池性能的提高，不需要架线的蓄电池车辆将被开发并诞生

如果蓄电池的蓄电技术提高，这样的车辆将不是梦想。高额的架线维护费用也可以削减。

在非电气化区段行驶的内燃机车的能源效率比电车低。在车站，很多人都听过轰隆隆的内燃机噪声吧。由于是内燃机式，所以排出大量尾气。也就是说，从地区

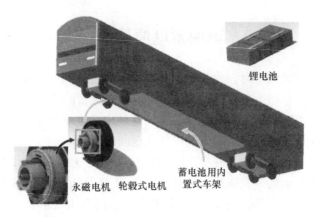

图4.9　在集成底盘型电动低地板整体式客车能否应用于蓄电池
列车的研讨时，庆应义塾大学方面设计的架构

图4.10　将在来线特急车变成没有架线的蓄电池列车的示意图

环境保护的角度来看，内燃机车是存在问题的。ACCUM 与传统内燃机车相比，行驶时的二氧化碳排放量可减少约 60% ，而且完全不会产生内燃机车尾气中的氮氧化物。JR 九州已宣布投入同样的架线式蓄电池车辆，今后蓄电池车辆将成为新的日常场景。

## 4.5　海外技术流入带来的变革

最后，还想指出日本公共交通的"加拉帕戈斯化"。"加拉帕戈斯化"和"加拉帕戈斯现象"这样的说法，读者朋友们应该有所耳闻。日本的所有交通技术都在向加拉帕戈斯化发展。日本的公共交通整体陷入了孤立的日本市场技术的最优化，对国外优秀技术的视而不见，结果是处于失去适应性的状况，这么说一点也不为过。

图 4.11　作为蓄电池车辆的终极形态的蓄电池新干线车辆的外形

　　例如，公交车的加拉帕戈斯化就很明显。即使海外有优秀的车辆可供选择，除了少部分外，基本上没有运营者愿意接受。当然，在这种情况下，也出现了将中国产的量产型电动客车改装为符合日本法律制度并积极引进的运营商。

　　目前，采用轮毂电机的中国产电动公交车已在京都急行公交路线上亮相了 5 辆，开始活跃在公交线路上。以前日本的电动公交车主要是由内燃机车型改装而来，而京都急行的车辆则是中国比亚迪生产的 K9 量产车。以伦敦和波恩为代表，它已在全球 90 个城市投入使用。这个数字是世界正在走向电动化的一个例证。在国外，对于灵活运用他国的公交车辆的过敏度较低，但在岛国日本，至今还没有接受国外制造的氛围。

　　京都引进的车辆全长 12m，宽 2.5m，高 3.25m，轴距 6.1m，总重量为 19t。驱动方式为后轮轮毂电机式，电池容量 324kW·h，充满电可行驶 250km 以上。这个 250km 的数字对于一天的城市内行驶来说已经足够了，也大大减轻了驾驶员对传统电动公交车的不安。根据第三方机构的评价，在运行成本比较上，电动公交车只需传统柴油车的 31%、混合动力车的 65% 的金额，就能够行驶相同的距离。从这一数字可以看出，这能在经营方面带来很大贡献，目前受到了客车业界的关注。

　　据悉，这款车原本是国际标准的 2.55m 的宽度，为了符合日本法规，量身定制为 2.5m 的车身规格后交付使用的，由此可见该公司的辛劳和热情（图 4.12）。因为有这样的车辆法规的问题，故世界上有很多优秀的车，都需要面对改造的严峻现实。尽管如此，考虑到电动公交车是面向都市生活者的设计，将国外量产电动公交车改装成符合日本法规的方式是目前一个有力的选择，该公司挑战这一目标的勇敢姿态值得肯定。

　　该车目前在驾驶员的后部和中门后面的地板下装有电池，但在车内布局中也有不完善的地方（图 4.13）。但是，作为一个研究人员，需要了解这种划时代的海外

图 4.12 京都急行公交车引进的中国比亚迪生产的 K9 电动量产车——宽度原本为 2.55m 的规格，
但由于日本国内法规规定大型客车的宽度为 2.5m，因此变成了这样的规格

制造的电动公交车已经在日本的城市运行，通过"海外电动车辆"来推进公交事业的环保设计的可能性也应广泛宣传。

现实情况是，很少有从业者抱着这样的挑战的态度。从接受交通服务的终端用户——乘客角度来看，只要通用设计和环保设计能够兼顾，就应该没有必要限制是否是来自国外。日本企业特有的加拉帕戈斯式逻辑可以看出这一现状，但打破这一现状，营造全球化的政策氛围也是必要的。

这不仅限于公交汽车。虽然也有人认为海外的交通车辆在零部件的保障上需要时间和金钱，但海外运营商在维护保养系统的改善方面也倾注了全力。今后，希望行政和经营者也将目光投向这方面。

图 4.13 京都急行公交车 K9 的内部——为了
确保蓄电池的存放，将驾驶员的后部设置
为蓄电池用的空间，这会导致驾驶员
看不清车内，需要改善

# 结　束　语

本书结合最新的研究动向和成果，对改善未来交通环境的启示进行了整理。在2020 年东京奥运会的申办宣传展示会上，泷川雅美强调了日本特有的语言和精神，"服务"的精神再次受到关注。从服务的概念上更进一步的"Hospitality"是指"此时、此地、只对这个人"进行个别的款待。语源是拉丁语的 Hospics（客人们的保护），后来 Hospics 演变成的 Hospitality 是"款待"的意思。进而演变成英语中的 Hospital（医院）、Hotel（酒店）、Hospice（临终关怀）等词汇。

以对客人，也就是对用户的关怀之心，考虑并提供个别的服务，这就是"热情周到"的精神。在交通的世界里，必须充分考虑脆弱的人的个性，确保移动的权利和移动性，实现通用设计和环保设计，创造出让大家都满意的局面，这应是社会全体的姿态。至少，如果没有这样的态度，奥运会的满意度总体上也会降低。从这个意义上来说，面对所有的人，把所有的人都包括进来是非常重要的。

在日本国内，考虑交通环境的具有市民意向的工作协会也增加了，笔者也在法定地方自治团体中担任了地区公共交通活性化会议的会长等职务，在社会中进行各种各样的促进工作。但是，这样的场合还很少。就日本国内而言，还没有在教育现场提到公共交通的重要性，在教育环境中思考未来交通的场合也很少；根植交通需求导向的场所也不多。

这里介绍的技术都是符合市民需求的，这是值得向世人夸耀的一点。过去的交通环境研究技术导向性很强，没有很好地实现需求和条件的匹配。笔者作为文理融合领域的交通研究者，站在两者之间，后面将继续从事未来的交通与物流的研究。我们所重视的是让更多的人参与进来，在维持技术、制度和价值观的平衡的同时，制定现实的未来战略。

我希望各位读者也能以这种俯瞰的视角重新审视交通，参与讨论，并不时能引发讨论。如果本书能根据这样的需求导向，为构筑所有人都满意的未来交通环境提供一些启示，作为笔者的我将感到无比高兴。

# 致　　谢

在本书的撰写过程中，从企划阶段开始就得到了庆应义塾大学出版社的浦山毅先生的大力关照。借此机会，首先表示深深的谢意。另外，本书的成果，是笔者和许多人在研究过程中合作完成的。由于篇幅所限，不能一一列举各位的姓名和所在单位名称，在此谨表示衷心的感谢。

# 译 者 的 话

《未来交通物流与城市生活》一书以提高人们幸福感为目的，从社会弱势群体的角度，探讨了未来交通领域中通用设计与生态设计相融合的设计准则，提出了建立跨学科的新交通学的概念，并运用相关实例验证了价值观、技术、制度在交通领域中保持三者平衡的重要性。

本书由日本东京都市大学西山敏树副教授编著，其中很多资料是相关合作课题的研究成果。第1章通过调研的资料总结了日本未来交通运输环境的问题点；第2章阐述了未来公共交通的特征，提出了今后公共交通环境国际标准化的目标；第3章介绍了移动服务学社会的案例，显示了通用设计与生态设计相融合的设计理念；第4章描绘了未来的交通运输服务的远景。

本书的第1章、第2章及第3章的3.1~3.3节由江苏大学潘公宇教授翻译，第3章的3.4~3.4节、第4章由无锡太湖学院潘业媚老师翻译，全书由潘公宇统稿。虽然在翻译的过程中力求既忠实原文，又尽量符合中文习惯，同时尽可能准确地使用各种专业术语，但是由于能力有限，难免会存在疏漏和译文不够准确之处，真诚地希望读者及时给予指正。

译者

北京市版权局著作权合同登记 图字：01 – 2020 – 5232 号

## 图书在版编目（CIP）数据

未来交通物流与城市生活：通用设计与生态设计的融合/（日）西山敏
树编著；潘公宇，潘业媚译 . —北京：机械工业出版社，2022.1
（智能交通先进技术译丛）
ISBN 978-7-111-69502-8

Ⅰ.①未…　Ⅱ.①西…　②潘…　③潘…　Ⅲ.①交通运输业 – 物流 – 研
究　Ⅳ.①F506

中国版本图书馆 CIP 数据核字（2021）第 220450 号

机械工业出版社（北京市百万庄大街22号　邮政编码100037）
策划编辑：李 军　责任编辑：李 军　徐 霆
责任校对：黄兴伟　封面设计：鞠 杨
责任印制：李 昂
北京联兴盛业印刷股份有限公司印刷
2022 年 1 月第 1 版第 1 次印刷
169mm×239mm · 8 印张 · 4 插页 · 168 千字
0 001—1 500 册
标准书号：ISBN 978 - 7 - 111 -69502-8
定价：99.00 元

电话服务　　　　　　　　　　网络服务
客服电话：010 – 88361066　　机 工 官 网：www. cmpbook. com
　　　　　010 – 88379833　　机 工 官 博：weibo. com/cmp1952
　　　　　010 – 68326294　　金 书 网：www. golden – book. com
**封底无防伪标均为盗版**　　机工教育服务网：www. cmpedu. com